पर्वों का महापर्व
दीपावली

शशिकांत 'सदैव'

प्रभाकर
प्रकाशन

ISBN: 978-81-94433-64-4
eISBN: 978-93-89851-10-6

प्रकाशक: प्रभाकर प्रकाशन
प्लॉट नं.-55, मेन मदर डेयरी रोड
पांडव नगर, ईस्ट दिल्ली-110092
फोन: 011-40395855
व्हाट्स ऐप: +91 8447931000
ई-मेल: Sales@pharosbooks.in
वेबसाइट: www.pharosbooks.in
संस्करण: 2019
कवर डिज़ाइन: वीरेन्द्र सिंह भंडारी
इनर डिज़ाइन: सुरेन्द्र कुमार

पर्वों का महापर्व दीपावली
लेखक: शशिकांत 'स्दैव'

यह पुस्तक क्यों?

यूं तो दिवाली एक ऐसा त्योहार है जिसे न केवल हम बचपन से मनाते आ रहे हैं, बल्कि छोटी कक्षा से ही स्कूल में हम इस विषय पर निबंध आदि लिखते-पढ़ते रहे हैं। यह त्योहार हमारे मन-मस्तिष्क में रचा-बसा है, जिसे हम पूरे वर्ष इंतजार के बाद बड़ी धूम-धाम से मनाते हैं। जन-मानस में दिवाली के पर्व को मिठाइयों, पटाखों व लक्ष्मी पूजन के साथ ही जोड़कर देखा जाता है, जबकि दिवाली पर्व की परिभाषा, इसका इतिहास और महत्त्व तथा इससे जुड़े अन्य पर्व व पूजा-पाठ आदि सबका अपना आलौकिक अर्थ व रहस्य है। खील-बताशों और आतिशबाजियों के परे भी क्या है इसका असली रूप? यह पुस्तक लिखने का बस यही एक उद्देश्य है, कि जिस पर्व को हम पर्वों का महापर्व कहते हैं, वह अपने भीतर कितनी ऊर्जा समेटे हुए है।

यह पुस्तक दिवाली ही नहीं, वह अन्य पर्व जो दिवाली को पूर्ण करते हैं व उसे पंचपर्व की श्रेणी में रखते हैं उन्हें भी विस्तार पूर्वक समझाती है यानी धनतेरस, नरक चतुर्दशी, गोवर्धन व विश्वकर्मा पूजा और भैया दूज इन सब को विधि अनुसार कैसे मनाएं तथा वो कौन सी कथाएं, धारणाएं एवं मान्यताएं हैं जो इन पर्वों को जोड़ती और संजोती है, सबको उभारने का एक प्रयास है यह पुस्तक।

इतना ही नहीं दिवाली का पर्व विभिन्न तरह की पूजाओं एवं टोटकों तथा उपायों के लिए भी जाना जाता है फिर वह दिवाली की लक्ष्मी पूजा हो या गोवर्धन और विश्वकर्मा जी की पूजा। दीप दान की परंपरा हो या दिवाली की रात, टोटकों व उपायों की, सबका दिवाली से क्या संबंध है? यह पुस्तक आपको उनसे जुड़ी कथाओं और प्रथाओं के बारे में बहुत ही विस्तार से बताती है।

दरअसल हम दिवाली को एक त्योहार मान कर छोड़ देते हैं, यह मात्र त्योहार ही नहीं, एक संस्कार है जो अपने साथ संलग्न अन्य त्योहारों के माध्यम से हमें हमारी आध्यात्मिक एवं संस्कृति, धरोहर से भी परिचय करवाता है। दिवाली का पर्व ज्योतिषीय दृष्टि से भी बहुत मायने रखता है, क्योंकि कार्तिक मास की, जिस अमावस्या को यह पर्व पड़ता है वह मास और अमावस्या की रात अपने ग्रहीय समीकरणों के कारण अद्भुत और प्रभावशाली हो जाती

है, जिससे अनजान होने के कारण हम इस पर्व का भरपूर व सही उपयोग नहीं कर पाते। मैं चाहता हूं कि लोग इस पर्व का यह रूप भी समझें। दिवाली को वर्ष में एक बार नहीं हर दिन, हर पल मनाइए। अंधकार को हमेशा के लिए अपने जीवन से दूर भगाइए।

मात्र दीयों, पटाखों और मिठाइयों तक ही सिमटकर यह पर्व न रह जाए, यही मेरा प्रयास है। बहरहाल पुस्तक आपके हाथ में है, पढ़िए और पढ़ाइये।

॥ विषय सूची ॥

दीपावली का आध्यात्मिक और ज्योतिषीय महत्त्व

दीपों के जगमगाने का पर्व है दीपावली, किन्तु दीपों के इस पर्व का महत्त्व सिर्फ पटाखें फोड़ लेने भर से नहीं है, अपितु आध्यात्मिक एवं ज्योतिषीय दृष्टि से भी यह पर्व विशेष महत्त्व रखता है।

☛ अध्यात्म और दीपावली

प्रकाश ज्ञान का द्योतक है और दीप साधना का प्रतीक। ज्ञान और साधना के द्वारा ही जीवन और संस्कृति में शील, सौंदर्य एवं समृद्धि की अधिष्ठात्री मां महालक्ष्मी की प्रतिष्ठा की जाती है। प्रज्वलित दीप मालिकाएं सजग साधना की द्योतक हैं। हमारी कामना यही होती है कि हमारा जीवन पल-पल इस दीप साधना के आलोक से प्रकाशित हो और हमारा मन एवं जीवन लक्ष्मी की विभूति से परिपूर्ण हो, यही ज्योति पर्व में लक्ष्मी का लक्ष्य है और धर्म उस साधना की पीठ है।

दीपावली पर्व मां लक्ष्मी के आह्वान का विशेष दिन है तथा इस दिवस पर विधिवत पूजन करने से मां लक्ष्मी प्रसन्न होकर साधक को संपत्तिवान बनाती हैं।

रोजमर्रा के सामान्य विचारों में यह कहा जाता है कि घर तो घरवाली से होता है। यह शास्त्र सम्मत सत्य भी है इसलिए हिन्दू मान्यताओं में पत्नी को गृहलक्ष्मी के रूप में स्वीकार किया गया है। एक पौराणिक कथा के अनुसार देवराज इन्द्र दीपावली पर्व पर अपनी गृहलक्ष्मी इंद्राणी की पूजा किया करते थे और इसी कारण वह ऐश्वर्यशाली थे। शास्त्रों में दीपावली के दिन साधक द्वारा अपनी पत्नी का गृहलक्ष्मी के रूप में पूजन करने का विधान है। यह प्रकारांतर से लक्ष्मी के आह्वान का शास्त्र सम्मत विधान है, जिसके फलस्वरूप वर्षभर घर में सुख-वैभव, शांति और धन का साम्राज्य रहता है।

दीपावली दीपों के जगमगाने का पर्व है। इस रात प्रत्येक हिन्दू के घर में घी अथवा तेल के दीपक, मोमबत्तियां अथवा बिजली के रंग बिरंगे बल्ब से किसी न किसी प्रकार का प्रकाश अवश्य किया जाता है।

☛ ज्योतिष और दीपावली

दीपावली केवल मात्र दीये जलाकर और मिठाई खाकर बिता देने वाला दिन नहीं है। इस पर यदि आध्यात्मिक दृष्टिकोण से विचार किया जाए तो हमें मालूम होगा कि मन और आत्मा के कई भेदों को प्रकट करने वाला दिन है दीपावली।

इस पर्व का एक उद्देश्य देश के स्वास्थ्य को श्रेष्ठ करना भी है। वर्षा ऋतु में धूप की कमी तथा विशुद्ध जलाभाव के कारण वायुमंडल में रोग के कीटाणु व्याप्त हो जाते हैं। मच्छरों की बहुतायत से मलेरिया आदि रोग विशेष रूप से फैलते हैं और नागरिकों का स्वास्थ्य अपने स्वाभाविक स्तर से निम्न हो जाता है। कार्तिक में शरद ऋतु अपने पूर्ण विकास पर होती है। अब तक लोग प्रायः घरों से बाहर खुले में सोते थे परंतु अब घरों में सोने की ऋतु आरंभ हो गई। अतः यह परमावश्यक है कि उन घरों को साफ–सुथरा किया जाए। इस अवसर पर लोग अपने घरों को स्वच्छ करते हैं। सील–दुर्गन्धी आदि हानिकारक तत्त्वों को दूर किया जाता है। निवास स्थान के प्रत्येक भाग को प्रदीपों द्वारा आलोकित किया जाता है। दीप पुंज से प्राप्त होने वाला प्रकाश तथा ऊष्णता वर्षाजन्य रोग कीटाणुओं के विनाश में सर्वथा समर्थ होते हैं। इस सत्य से इन्कार नहीं किया जा सकता कि उपासना में अद्भुत शक्ति है।

हम भूमिवासियों के लिए चन्द्रमा रात का स्वामी अथवा ईश है इसीलिए इसको राकेश कहते हैं। परन्तु दीपावली की रात्रि को ऐसा लगता है कि चन्द्रमा हमारी सृष्टि से बाहर हो गया है। वह दृष्टिगोचर नहीं होता परन्तु गणित ज्योतिष की दृष्टि में यह होता है कि चन्द्रमा अमावस्या को जब दीपावली का पर्व मनाया जाता है, तो वह सूर्य के समीपतम होता है और इसी कारण से वह सर्वथा सूर्य के प्रकाश में मानो स्नान कर रहा होता है। अतः वास्तव में हम कह सकते हैं कि अमावस्या की रात्रि को चन्द्रमा अधिकतम प्रकाश में होता है लेकिन वह हम पृथ्वीवासियों को दिखाई नहीं देता। इसलिए हमको दीप जलाने पड़ते हैं।

फलित ज्योतिष के अनुसार सूर्य और चन्द्रमा दोनों राज्य से संबंधित हैं। सूर्य राजा है तो चन्द्रमा रानी। अमावस की रात को रानी राजा से मिलती है मानो दोनों प्रेमपूर्वक गले मिलते हों। भगवान राम तो राजाधिराज हैं ही और सीता उनकी अतिशय प्रिय रानी, चौदह वर्ष के वनवास के बाद अमावस्या की रात्रि को ही उनका वैवाहिक संबंध अयोध्या में लौटकर हुआ था। वनवास में तो वे संन्यासियों के रूप में रहते थे। इस प्रकार राम और सीता का अमावस्या में मिलन ज्योतिष शास्त्र का अनुमोदन लिए हुए है।

ज्योतिष शास्त्र हमें बतलाता है कि वस्तुओं के अतिरिक्त चन्द्रमा 'जनता' का प्रतिनिधित्व भी करता है। भगवान राम के वनवास के दिनों में अयोध्या की जनता व्याकुल थी कि कब यह अवधि समाप्त हो और उन्हें अपने प्यारे सूर्यवंशी राजा के दर्शनों का सौभाग्य प्राप्त हो। सूर्य से ही सूर्यवंश चलता है। क्या विचित्र संयोग है कि जनता ने, जिसका प्रतिनिधित्व चन्द्रमा करता है एक ऐसा दिन अपने राजा के स्वागत के लिए चुना जबकि प्रकृति में भी जनता (चन्द्रमा) राजा (सूर्य) से मिल रही हो।

ज्योतिष शास्त्र से हमें शिक्षा मिलती है कि सूर्य आत्मा है (सूर्य आत्मा: जगत: सस्थुश्चय) एवं अपने निज का स्वरूप है और चन्द्रमा मन है (चन्द्रमा मनसो जात:)। अत: अमावस्या एक ऐसा अवसर है जब मन (चन्द्रमा) पूर्ण रूप से आत्मा (सूर्य) के समीपतम होकर आत्मरूप होता है। उस दिन आत्मा के प्रकाश से मन आत्मरूप हो जाता है। यह अवस्था मनुष्य का अंतिम ध्येय है।

अत: अमावस्या आध्यात्मिक दृष्टिकोण से मन के आत्मरूप हो जाने को दर्शाती हुई ज्योतिष शास्त्र के अर्थ की गरिमा को प्रकट करती है। उपरोक्त विवेचन से आपने देखा होगा कि मन के लिए अमावस्या से बढ़कर और कोई महत्त्वपूर्ण दिन आध्यात्मिक दृष्टिकोण से नहीं है।

मौलिक और आर्थिक दृष्टि से सूर्य और चन्द्रमा का सामीप्य भले ही शुभ फलप्रद न हो परन्तु आध्यात्मिक दृष्टिकोण से अमावस्या से अच्छा और कोई प्रतीक नहीं हो सकता।

जब-जब चन्द्रमा वृषभ राशि में तृतीय अंश में स्थित होता है तो चन्द्रमा उच्च तथा अपनी शुभमय अवस्था में होता है। इस स्थिति में भी चन्द्रमा सूर्य के नक्षत्र (कृतिका) में होता है। कृतिका सूर्य का नक्षत्र होने से ही तो चन्द्रमा को उच्चता प्रदान करता है क्योंकि सूर्य (आत्मा) को प्राप्त किए बिना मन की गति नहीं।

यह भी कोई साधारण बात नहीं कि संसार की बहुत-सी आध्यात्मिक विभूतियों ने अमावस्या को प्राण त्यागे, मानो उनका मन उस समय आत्मा में लीन हो गया। सूर्य चन्द्रमा से जब मिला महर्षि दयानन्द की मृत्यु उसी रोज हुई थी। तीर्थंकर महावीर स्वामी ने भी इसी रोज निर्वाण प्राप्त किया था। स्वामी रामतीर्थ की तो बात ही निराली है क्योंकि उनका जन्म अमावस्या को, उनका संन्यास अमावस्या को और उनकी जल समाधि भी अमावस्या को ही हुई।

पंचपर्वों का महापर्व-दीपावली

दीपावली यानी आनन्द का त्योहार, उल्लास का उत्सव, प्रसन्नता तथा प्रकाश का पर्व। इस पर्व पर चहुं ओर प्रकाश ही प्रकाश दिखाई देता है, उल्लास एवं प्रसन्नता ही प्रसन्नता दिखाई देती है। दीपावली का पर्व धन-प्राप्ति अनुष्ठान के लिए सर्वोत्तम माना जाता है लेकिन दीपावली का महान पर्व अकेले ही नहीं आता है, इसके साथ ही आते हैं पांच महान पर्व, जिन्हें हम पंच पर्व के रूप में मनाते हैं। इन पंच पर्वों का हमारे हिन्दू धर्म में अत्यधिक महत्त्व है।

दीपावली पंच पर्व- कार्तिक कृष्ण त्रयोदशी से आरंभ और कार्तिक शुक्ल द्वितीया तक यह संपूर्ण होता है। इस प्रकार यह पांच दिन तक चलने वाला पर्व है। शास्त्रोक्त विधि अनुसार सूर्यास्त के बाद, शुभ समय पर, दीप दान करना अत्यंत शुभ होता है। पांचों दिन संध्या काल में अपने घर, पूजा स्थल, मुख्य द्वार, तुलसी का पौधा, पूर्व दिशा और दक्षिण दिशा में दीप दान करना चाहिए। दीप दान करने से धन-समृद्धि, यश-वैभव, सुख-शांति की प्राप्ति तो होती ही है, साथ में श्राद्ध और तर्पण से वंचित अपने पितृ मोक्ष पाते हैं। पर्व जिनसे मिलकर यह महापर्व बनता है वो हैं धन तेरस, नरक चतुर्दशी, दीपावली, गोवर्धन पूजा, और भाई दूज।

दीपावली से जुड़ी विभिन्न कथाएं और मान्यताएं

दीपावली पर्व का नाम सुनते ही हमारे मन-मस्तिष्क में लक्ष्मी पूजा का या भगवान श्री राम के चौदह वर्ष से लौटने की खुशी में दिए जलाने का चित्र उभर आता है। हम यही सोचते हैं कि दीपावली का संबंध बस इन्हीं से है, जबकि दीपावली मनाने के कई कारण और भी हैं।

भारत के संपूर्ण त्योहारों में दीपावली का अपना विशेष स्थान है। इस पुनीत पर्व के साथ हमारे युग का वह इतिहास ओत-प्रोत है जिसकी आज के स्वतंत्र वातावरण में भारी आवश्यकता है। यही कारण है कि जिस उल्लास और उत्साह के साथ समस्त भारत में यह त्योहार मनाया जाता है, वह अन्य पर्वों पर कम ही दिखलाई पड़ता है।

दीपावली पर्व में लक्ष्मीपूजन समावेश का इतिहास बहुत मनोरंजक एवं महत्त्वपूर्ण है। सनत्कुमार-संहिता में लिखा है- 'एक बार दैत्यराज बलि ने समस्त भूमंडल पर अधिकार कर लक्ष्मी सहित संपूर्ण देवताओं को अपने कारागार में डाल दिया और भूमंडल पर एकछत्र शासन करने लगा। लक्ष्मी के अभाव से समस्त संसार क्षुब्ध हो उठी। उस समय देवताओं की प्रार्थना पर भगवान विष्णु ने वामन रूप धारण करके बड़े कौशल से उस पराक्रमी दैत्य की आसुरी शक्ति पर विजय प्राप्त की और लक्ष्मी को उसके बंधन से मुक्त किया। इससे समस्त संसार में हर्ष की अपूर्व लहर छा गई। इस अवसर पर भगवती लक्ष्मी का विशेष रूप से पूजन-सम्मान हुआ।' क्योंकि वे बलि के कारागार की कठोर यन्त्रणाओं को सहकर चिरकाल के अनन्तर से मुक्त हुई थीं। इस कथानक के काव्यांश को छोड़ देने पर इससे सीधा अर्थ यही ध्वनित होता है कि दैत्यराज बलि ने प्रजा के ऊपर भारी कर आदि लगाकर उनके समस्त धन को अपने राजकोष में संचित कर डाला, यहां तक कि धनाभाव से समस्त संसार क्षुब्ध हो गया। तब भगवान विष्णु ने वामन रूप द्वारा अपने कौशल से उस दैत्य को परास्त

कर राजकोष में संचित समस्त धन को संसार में विभक्त कर दिया, फलतः आर्थिक क्रान्ति का महान पर्व होने के कारण यह समस्त भारत का स्मरणीय पर्व बन गया।

☛ दीपावली की कथा

एक समय मुनियों ने सनत्कुमार जी से पूछा- हे महात्मन! अब आप हमें लक्ष्मी पूजन का कारण बताइये तथा साथ में अन्य देवताओं के पूजे जाने का भी कारण बताइये। मुनियों की यह बात सुनकर श्री सनत्कुमार बोले-हे मुनियों! आप लोगों ने जो प्रश्न किया है उसे ध्यानपूर्वक सुनो। यही प्रश्न धर्मराज युधिष्ठिर ने भगवान, श्री कृष्ण से पूछा था, तब भगवान ने कहा- हे धर्मराज सुनो, दैत्यराज बलि के राज्य में सारी प्रजा सुखी थी, किसी को कष्ट नहीं था, सब लोग नियमानुसार रहते थे, यज्ञ आदि कर्म करते थे। एक बार बलि ने 100 अश्वमेघ यज्ञ करने की प्रतिज्ञा की। अतः उसने 99 अश्वमेघ यज्ञ कर लिए। जब सौवां यज्ञ करने की उसने तैयारी की तो इंद्र बड़ा भयभीत हुआ और सोचने लगा अगर इसने सौवां यज्ञ कर लिया तो यह कहीं मेरा सिंहासन न छीन ले। अतः भय से कांपता हुआ वह ब्रह्मा, रुद्र आदि देवताओं के साथ क्षीरशयी भगवान विष्णु के पास पहुंचा। वहां सब देवता, अनेक पुरुष और भक्त आदि मंत्रों से भगवान की स्तुति करने लगे। तब भगवान प्रकट होकर बोले- हे इन्द्रादिक देवताओं। आप लोग इतने दुखी क्यों हैं? तब देवराज इंद्र ने बलि के यज्ञ का सारा हाल कह सुनाया। यह सुन भगवान बोले- हे इंद्र। तुम सभी देवता अपने-अपने घर जाओ। मैं तुम्हारे भय को खत्म कर दूंगा। तब वह भगवान वामन का अवतार धारण कर राजा बलि के पास गए, जहां वह अंतिम यज्ञ कर रहा था। बलि से सत्कार किए जाने पर भगवान ने तीन पग पृथ्वी का दान मांगा। बलि ने दान संकल्प कर दिया। भगवान ने तीन पग भूमि से तीनों लोक व बलि को पा लिया और देवताओं को उसके आतंक से मुक्त करा दिया। इस प्रकार भगवान ने सब देवताओं को भय से मुक्त कर अभय दान दिया। इसी कारण दीपावली पर श्री लक्ष्मी जी के साथ-साथ देवताओं की भी पूजा की जाती है।

- दीपावली पर लक्ष्मी पूजन का चलन सर्वप्रथम ऋग्वेद के 'श्री सूक्त' में मिलता है, जो कि भगवान राम के समय से काफी पूर्व का है। 'विष्णुधर्मोत्तर पुराण' में इनकी स्वर्ण लक्ष्मी, गृह लक्ष्मी व जय लक्ष्मी के रूप में वन्दना की गयी है। छठी शताब्दी ईसा पूर्व के जैन व बौद्ध ग्रन्थों में भी महालक्ष्मी, कुमारिका व चक्रेश्वरी के रूप में लक्ष्मी के पूजन का उल्लेख है। मौर्य वंश, गुप्त वंश, शुंग व सातवाहन काल में भी गज सेविका, गज लक्ष्मी स्वरूपा का अंकन प्राप्त होता है। लक्ष्मी के पद्म हस्ता, पद्मस्थता, पद्मवासिनी स्वरूप की मूर्तियां आज भी मथुरा के संग्रहालय में मौजूद हैं।
- मर्यादा पुरुषोत्तम भगवान राम अपने भाई लक्ष्मण व पत्नी सीता सहित इसी दिन रावणादि का संहार करके 14 वर्षों के वनवास से वापस अयोध्या लौटे थे। साथ ही उनका

राज्याभिषेक हुआ था। इस खुशी में अयोध्यावासियों ने समस्त अयोध्यापुरी को दीपों से सजाकर दीपावली का त्योहार मनाया था।

- कार्तिक अमावस्या के दिन भगवान श्रीकृष्ण सर्वप्रथम ग्वाल–बालों के साथ वन में गाये चराने गए थे। सायंकाल उनकी वापसी पर गोकुलवासियों ने घर–घर दीप जलाकर उनका स्वागत किया था।
- कार्तिक अमावस्या के दिन भगवान श्रीकृष्ण ने धरा धाम पर लीलाओं का संवरण कर गोलोक गमन किया था।
- दीपावली से एक दिन पूर्व चतुर्दशी को भगवान श्रीकृष्ण ने अत्याचारी नरकासुर का वध किया था। इसके अगले दिन अमावस्या को गोकुलवासियों ने दीप जलाकर खुशियां मनाई थीं।
- महाप्रतापी तथा दानवीर राजा बलि ने जब अपने बाहुबल से तीनों लोकों पर विजय प्राप्त कर ली तो बलि से भयभीत देवताओं की प्रार्थना पर भगवान विष्णु ने वामन का रूप धारण कर राजा बलि से तीन पग पृथ्वी दान के रूप में मांगी थी। महाप्रतापी राजा बलि ने सब कुछ समझते हुए भी याचक को निराश नहीं किया और तीन पग पृथ्वी दान में दे दी थी। भगवान विष्णु ने तीन पग में तीनों लोकों को नाप लिया। राजा बलि की दान वीरता से प्रभावित हो विष्णु भगवान ने उन्हें पाताल लोक का राज्य तो लौटा ही दिया, साथ ही यह भी आश्वासन दिया कि उसकी स्मृति में भू–लोकवासी प्रति वर्ष दीपावली मनाएंगे।
- दीपावली के ही दिन राक्षसों का वध करने के लिए देवी लक्ष्मी ने महाकाली का रूप धारण किया था। राक्षसों का वध करने के बाद भी जब महाकाली का क्रोध कम नहीं हुआ, तब भगवान शिव के शरीर स्पर्श मात्र से ही देवी महाकाली का क्रोध समाप्त हो गया। इस घटना की स्मृति में उनके शांत रूप लक्ष्मी का पूजन आरम्भ हुआ। जो कि अब भी किया जाता है।
- महाराज धर्मराज युधिष्ठिर ने इसी दिन राजसूर्य यज्ञ किया था। अतएव रात्रि में उनकी पूजा में दीप जलाकर खुशियां मनाई गई थीं।
- पौराणिक कथा के अनुसार जब महाराज गणेश स्वामी ने अपनी ऐहिक लीला समाप्त की, तब 18 राज्यों के राजाओं ने एकत्रित होकर कहा था कि ज्ञान की ज्योति बुझ गई है। अत: अब दीपों की ज्योति जलाई जाए।
- ऋषि उद्दालक ने अपने पुत्र नचिकेता को यमराज को दान में दे दिया था। यमलोक में नचिकेता ने ब्रह्मलोक का ज्ञान प्राप्त किया। इसी खुशी में इस दिन मृत्यु लोक में सर्वत्र दीप जलाकर प्रकाशोत्सव मनाया गया था।
- ईसा पूर्व चौथी शताब्दी में रचित कौटिल्य अर्थशास्त्र के अनुसार, द्रविड़ जन कार्तिक

अमावस्या के अवसर पर मन्दिरों और घाटों पर बड़े पैमाने पर दीप जलाकर दीपदान महोत्सव मनाते थे। साथ ही मशालें लेकर नाचते थे और पशुओं (भैंसों और सांड़ों) की सवारी निकालते थे।

- बौद्ध धर्म के प्रवर्तक गौतम बुद्ध जब 17 वर्ष बाद अपने गृह नगर कपिलवस्तु वापस लौटे तो उनके अनुयायियों ने गौतम बुद्ध के स्वागत में लाखों दीप जलाकर दीपावली मनाई थी। साथ ही महात्मा बुद्ध ने अपने प्रथम प्रवचन के दौरान 'अप्प दीपो भव:' का नारा देकर दीपावली को नया आयाम दिया था।
- सम्राट अशोक ने दिग्विजय का अभियान इसी दिन प्रारम्भ किया था। इसी खुशी में दीपदान किया गया था।
- सम्राट विक्रमादित्य का राज्याभिषेक दीपावली के ही दिन हुआ था। इसलिए दीप जलाकर खुशियां मनाई गईं।
- जैन धर्म के 24 वें तीर्थंकर महावीर स्वामी ने भी दीपावली के दिन निर्वाण प्राप्त किया था। महावीर निर्वाण संवत इसके दूसरे दिन से शुरू होता है। इसीलिए अनेक प्रांतों में इसे वर्षारम्भ की शुरुआत मानते हैं। प्राचीन जैन ग्रन्थ 'कल्प-सूत्र' में कहा गया है कि महावीर स्वामी के निर्वाण के साथ जो अंतर्ज्योति सदा के लिए बुझ गई है, उसकी क्षतिपूर्ति के लिए हम बहिर्ज्योति के प्रतीक दीप जलाएं।
- आर्य समाज के संस्थापक स्वामी दयानन्द सरस्वती ने इसी दिन सन् 1883 में अजमेर में अपने प्राण त्यागे थे। अत: आर्य समाज में इस दिन का विशेष महत्त्व है।
- स्वामी रामतीर्थ भी दीपावली के दिन इस धरा पर अवतीर्ण हुए थे और उन्होंने इसी दिन सन् 1906 में अपना शरीर त्यागा था। इसके अलावा उन्होंने दीपावली के ही दिन संन्यास ग्रहण किया था।
- दीन-ए-इलाही के प्रर्वतक सम्राट अकबर के शासन काल में दौलतखाने के सामने 40 गज ऊंचे बांस पर एक बड़ा आकाश दीप दीपावली के दिन लटकाया जाता था। गोवर्धन पूजा में अकबर स्वयं भाग लेते थे तथा गायों का निरीक्षण करते थे। शाह आलम द्वितीय के शासन काल में समूचे शाही महल को दीपों से सजाया जाता था। लालकिले में एक मेले का आयोजन होता था, जिसमें हिन्दू-मुसलमान सभी भाग लेते थे। सम्राट जहांगीर भी दीपावली धूमधाम से मनाते थे। भारत के अन्तिम सम्राट बहादुरशाह जफर भी दीपावली को त्योहार के रूप में मनाते थे और इस अवसर पर आयोजित विभिन्न कार्यक्रमों में भी भाग लेते थे।
- कार्तिक अमावस्या के दिन ही सिखों के छठे गुरु हरगोविन्द सिंह जी बादशाह जहांगीर की कैद से मुक्त होकर अमृतसर वापस लौटे थे।
- अमृतसर के प्रख्यात स्वर्ण मन्दिर का निर्माण भी दीपावली के ही दिन प्रारम्भ हुआ था।

- दैत्यराज हिरण्यकश्यप ने अपने पुत्र प्रहलाद की विष्णु भक्ति से अप्रसन्न हो उसे जान से मारना चाहा। इसके लिए उसने अनेक उपाय किए पर उसे सफलता नहीं मिल पाई तब वह कुपित हो खडग उठा कर उसे स्वयं ही मारने चला। दैत्यराज को वरदान प्राप्त था कि उनकी मृत्यु न दिन में होगी न रात में, न घर में होगी न बाहर, न अस्त्र से होगी न शस्त्र से। इसी वजह से वे स्वयं को अमर समझता था। कार्तिक अमावस्या के सायंकाल का समय था। विष्णु भक्त प्रहलाद खम्भे से बंधा हुआ था। जब दैत्यराज ने खडग से प्रहार किया तो भयंकर गर्जना के साथ खम्भा टूट गया और भगवान नरसिंह का प्रादुर्भाव हुआ। शीश सिंह के समान और शेष शरीर मानव जैसा। न पूरा मानव, न पूरा पशु, न अस्त्र न शस्त्र। भगवान नरसिंह ने केवल अपने नख से दैत्यराज का वध कर डाला। दैत्यराज की मृत्यु पर प्रजा ने घी के दिए जलाकर दीपावली मनाई थी।
- दीपावली के दिन ही समुद्र मंथन के दौरान महालक्ष्मी का प्राकट्य हुआ था। देवताओं ने उन्हें भगवान विष्णु की पत्नी स्वीकार कर उन दोनों का विवाह करा दिया था।
- नचिकेता जब जन्म-मरण का रहस्य जानने के लिए यम के पास गए तब यमराज ने नचिकेता की कई प्रकार से परीक्षा ली थी। नचिकेता हर बार सफल रहे। यमराज नचिकेता की लगन और निर्भीकता से बड़े प्रसन्न हुए और उन्हें मृत्यु पर विजय का ज्ञान दिया। नचिकेता की वापसी पर पृथ्वी वासियों ने घी के दीये जलाकर उनका स्वागत किया। कहा जाता है कि आर्यव्रत की यह पहली दीपावली थी।
- सम्राट समुद्रगुप्त अशोकादित्य प्रियदर्शन ने अपनी दिग्विजय की घोषणा दीपावली के ही दिन की थी।
- सम्राट चन्द्रगुप्त द्वितीय ने ईसा से 269 वर्ष पूर्व दीपावली के ही दिन तीन लाख शकों व हूणों को युद्ध में खदेड़कर परास्त किया था। जिसकी खुशी में उनके राज्य के लोगों ने असंख्य दीप जलाकर जश्न मनाया था।
- लोकनायक जयप्रकाश नारायण सन् 1942 के 'भारत छोड़ो आंदोलन' के दौरान दीपावली के ही दिन हजारी बाग सेन्ट्रल जेल से फरार हुए थे।
- भूटान आंदोलन के प्रणेता आचार्य विनोबा भावे का स्वर्गारोहण सन् 1982 को दीपावली के ही दिन हुआ था।
- प्रख्यात मैथिली कवि विद्यापति ने सन् 1448 को दीपावली के ही दिन अपना शरीर त्यागा था।
- प्रख्यात बौद्ध ग्रंथ 'विनय पिटक' के 33वें अध्याय में यह लिखा हुआ है कि भगवान बुद्ध जब कार्तिक कृष्ण त्रयोदशी को एक लम्बे अन्तराल के बाद अपने असंख्य अनुयायियों के साथ घर वापस लौटे थे तब उन सभी के भोजनादि हेतु मेजबानों ने बहुत

बड़ी मात्रा मे चांदी के बर्तनों की खरीदारी की थी। तभी से कार्तिक कृष्ण त्रयोदशी (धनतेरस) को नये बर्तन खरीदने की परम्परा पड़ी।

- दीपावली के दिन आकाश दीप जलाने की प्रथा के सम्बन्ध में यह मान्यता है कि कार्तिक अमावस्या से पितरों की रात प्रारंभ होती है। अतः वह सब कहीं पथ भ्रमित न हो जाएं इसलिए उनके निमित्त प्रकाश किया जाता है। इस प्रथा का बंगाल में विशेष चलन है।
- औषधि विज्ञान से जुड़े व्यक्ति दीपावली के त्योहार को वातावरण की शुद्धता से जोड़ते हैं। उनका कहना है कि एक साथ असंख्य दीप के प्रकाश से अंधकार में व्याप्त विभिन्न व्याधियां और विकार स्वतः समाप्त हो जाते हैं।

धनतेरस (धन त्रयोदशी)

यह पर्व दीपावली से दो दिन पूर्व मनाया जाता है। घर-आंगन में दीप प्रज्वलित करके दीपावली का शुभारंभ होता है। इस दिन देवताओं के वैद्य धनवंतरि ऋषि, अमृत कलश सहित, सागर मंथन से प्रकट हुए थे, अतः इस दिन धनवंतरी जयंती मनायी जाती है। धन के देवता कुबेर और मृत्यु के देवता यमराज की पूजा और दीपदान का विशेष महत्त्व है।

इस दिन जलपूजन और जल में दीपदान करना चाहिए। यदि घर में अशांति हो, सास-बहू में, पिता-पुत्र में, अथवा पति-पत्नी के मध्य किसी भी प्रकार का कलह हो, संतान प्राप्ति में बाधा हो, संतान गलत मार्ग पर हो, बच्चों के विवाह में अड़चन आ रही हो, स्वयं कुयोग से परेशान हों, परिवार के अन्य सदस्यों को असाध्य रोग हों, व्यापार-व्यवसाय में बरकत नहीं हो रही हो, नौकरी में परेशानी हो, पदोन्नति में रुकावटें आ रही हों, स्वयं पितृ दोष अथवा ग्रहों की पीड़ा से ग्रस्त हों अथवा राहु व शनि ग्रह से परेशान हों, तो धनतेरस के दिन यम देवता की निष्ठापूर्वक पूजा करें। जिन्हें कोई परेशानी नहीं है उन्हें भी जल का पूजन व दीप दान करना चाहिए।

इस दिन सायंकाल प्रदोष के समय घर के दरवाजे के बाहर यम के लिए दीपदान करने से अकाल मृत्यु या दुर्मरण का नाश हो जाता है।

इस दिन वैदिक देवता यमराज की पूजा की जाती है। यम के लिए आटे का दीपक बनाकर घर के मुख्य द्वार पर रखा जाता है। प्रदोष काल में औरतें दीपक में तेल डालकर चार बत्तियां जलाती हैं और जल, रोटी, चावल, गुड़ आदि के नैवेद्य सहित दीपक जलाकर यम की पूजा करता हैं। दीपदान का मंत्र है।

मृत्युना दंडपाशाभ्यां कालेन च मया सह।
त्रयोदश्यां दीपदानात् सूर्यजः प्रीयताभिति॥

इस दिन धन्वंतरि की पूजा का भी विशेष महत्त्व है। धनतेरस के दिन पुराने बर्तनों को बदलना एवं नए बर्तन खरीदना शुभ माना जाता है। खासकर चांदी के बर्तन खरीदने से अत्यधिक पुण्य मिलता है। इस दिन हल से जुती मिट्टी को दूध में भिगोकर तथा उसमें सेमर की शाखा डुबोकर लगातार तीन बार अपने शरीर पर फेरना तथा कुमकुम लगाना चाहिए। स्नान के

उपरांत प्रदोषकाल में घाट, गोशाला, बावली, कुंआ, मंदिर, घर के द्वार तथा गोबर एवं अन्न की ढेरी पर तीन दिनों तक दीपक जलाना चाहिए। दीपक का मुख दक्षिण की ओर होना चाहिए। तुला राशि के सूर्य में चतुर्दशी तथा अमावस्या की संध्या को जलती लकड़ी की मशाल से पितरों का मार्ग प्रशस्त करना चाहिए।

☛ धनतेरस की कथा

प्रचलित कथा के अनुसार कार्तिक कृष्ण त्रयोदशी के दिन समुद्र मंथन से आयुर्वेद के जनक भगवान धन्वंतरी अमृत कलश लेकर प्रकट हुए थे। उन्होंने देवताओं को अमृतपान कराकर अमर कर दिया था।

अत: वर्तमान संदर्भ में भी आयु और स्वास्थ्य की कामना से धनतेरस पर भगवान धन्वंतरी का पूजन किया जाता है। इस दिन वैदिक देवता यमराज का पूजन भी किया जाता है।

एक अन्य कथा के अनुसार एक समय भगवान विष्णु द्वारा श्राप दिए जाने के कारण देवी लक्ष्मी को तेरह वर्षों तक एक किसान के घर पर रहना था। मां लक्ष्मी के उस किसान के घर रहने से उसका घर धन-सम्पत्ति से भरपूर हो गया। तेरह वर्षों के उपरान्त जब भगवान विष्णु मां लक्ष्मी को लेने आए तो किसान ने मां लक्ष्मी से वहीं रुक जाने का आग्रह किया। इस पर देवी लक्ष्मी ने किसान से कहा कि, 'कल त्रयोदशी है और अगर वह साफ-सफाई कर, दीप प्रज्वलित करके उनका आह्वान करेगा तो किसान को धन-वैभव की प्राप्ति होगी।' जैसा मां लक्ष्मी ने कहा, वैसा किसान ने किया और उसे धन-वैभव की प्राप्ति हुई। तब से ही धनतेरस के दिन लक्ष्मी पूजन की प्रथा प्रचलित हुई।

☛ इस दिन क्या खरीदें ?

बर्तन खरीदने की परंपरा को पूर्ण अवश्य किया जाना चाहिए। विशेषकर पीतल और चांदी के बर्तन खरीदे क्योंकि पीतल महर्षि धन्वंतरी का अहम धातु है। इससे घर में आरोग्य, सौभाग्य और स्वास्थ्य लाभ की प्राप्ति होती है। व्यापारी इस विशेष दिन में नए बही-खाते खरीदते हैं जिनका पूजन वे दीपावली पर करते हैं। धनतेरस के दिन चांदी खरीदने की भी विशेष परंपरा है। चन्द्रमा का प्रतीक चांदी मनुष्य को जीवन में शीतलता प्रदान करता है। चूंकि चांदी कुबेर की धातु है, धनतेरस पर चांदी खरीदने से घर में यश, कीर्ति, ऐश्वर्य और संपदा की वृद्धि होती है। इसके साथ आप निम्न वस्तुएं भी खरीद सकते हैं -

इस दिन कुछ लोग नई झाड़ू भी लाते हैं, विशेषकर फूल झाड़ू और उस झाड़ू की भी पूजा होती है। घर में नयी झाड़ू से सफाई करें इससे लक्ष्मी जी प्रसन्न होती हैं और आपके घर में प्रवेश करती हैं।

- इस दिन दक्षिणावर्ती शंख खरीदना अच्छा माना जाता है।

- कुछ लोग इस दिन रुद्राक्ष की माला भी खरीदते हैं।
- लोहा खरीदने का शुभ दिन धनतेरस को ही माना गया है।
- इस दिन बर्तन खरीदने को शुभ माना जाता है।

इस दिन सोना भी खरीदना अच्छा होता है। इस दिन दक्षिण भारत के कुछ लोग गायों को भी सजाते हैं क्योंकि गाय लक्ष्मी का रूप मानी जाती है।

☛ क्या नहीं खरीदें

- इस दिन पर काले रंग की वस्तु नहीं लेनी चाहिए।
- इस दिन ऐसी कोई वस्तु नहीं लेनी चाहिए जिसमें तेल का उपयोग होता हो।

☛ धनतेरस पूजा की विधि

धनतेरस की संध्या में यमदेव निमित्त दीपदान किया जाता है। फलस्वरूप उपासक और उसके परिवार को मृत्युदेव यमराज के कोप से सुरक्षा मिलती है। विशेषरूप से यदि गृहलक्ष्मी इस दिन दीपदान करें तो पूरा परिवार स्वस्थ रहता है।

- सबसे पहले मिट्टी का हाथी और धन्वंतरि भगवानजी का चित्र स्थापित करें।
- शुद्ध चांदी या तांबे की आचमनी से जल का आचमन करें।
- श्रीगणेश का ध्यान व पूजन करें।
- हाथ में अक्षत-पुष्प लेकर भगवान धन्वंतरि का ध्यान करें।
- और निम्न मंत्र से ध्यान करें:

मंत्र : ***देवान कृशान सुरसंघनि पीडितांगान***
दृष्ट्वा दयालुर मृतं विपरीतु कामः
पायोधि मंथन विधौ प्रकटौ भवधो
धन्वन्तरिः स भगवानवतात सदा नः
ॐ धन्वन्तरि देवाय नमः
ध्यानार्थे अक्षत पुष्पाणि समर्पयामि...

- पुष्प अर्पित कर दें और जल का आचमन करें।
- 3 बार जल के छींटे दें और यह बोलें ... मंत्र : पाद्यं अर्घ्यं आचमनीयं समर्पयानि।
- भगवान धन्वंतरि के चित्र को जल के छींटों और मंत्र से स्नान कराएं।
- मंत्र : ॐ धनवन्तराये नमः।
- मंत्र : स्नानार्थे जलं समर्पयामि।
- पंचामृत से स्नान कराएं।

- मंत्र : ॐ धनवन्तरायै नमः
  मंत्र : पंचामृत स्नानार्थे पंचामृत समर्पयामि॥
- फिर जल से स्नान कराएं।
- मंत्र : पंचामृत स्नानान्ते शुद्धोधक स्नानं समर्पयामि॥
- इत्र छिड़कें।
  मंत्र : सुवासितं इत्रं समर्पयामि।
- वस्त्र या मौली अर्पित करें
  मंत्र : वस्त्रं समर्पयामि।
- रोली या लाल चंदन से तिलक करें।
  मंत्र : गन्धं समर्पयामि (इत्र चढ़ाएं)
  मंत्र : अक्षतान् समर्पयामि (चावल चढ़ाएं)
  मंत्र : पुष्पं समर्पयामि (फूल चढ़ाएं)
  मंत्र : धूपं आघ्रापयामि (अगरबत्ती जलाएं)
  मंत्र : दीपक दर्शयामि (जलते दीपक की पूजा करें फिर उसी से आरती घुमाएं)
  मंत्र : नैवेद्यं निवेद्यामि (प्रसाद चढ़ाएं, प्रसाद के आसपास पानी घुमाएं)
  मंत्र : आचमनीयं जलं समर्पयामि... (अपने आसन के आसपास पानी छोड़ें)
  मंत्र : ऋतुफलं समर्पयामि (फल चढ़ाएं, फल के चारों तरफ पानी घुमाएं)
  मंत्र : ताम्बूलं समर्पयामि (पान चढ़ाएं)
  मंत्र : दक्षिणा समर्पयामि (चांदी-सोने के सिक्के अगर खरीदें हैं तो उन्हें अर्पित करें या फिर घर में रखें रुपए-पैसे चढ़ाएं।
  मंत्र : कर्पूर नीराजनं दर्शयामि (कर्पूर जलाकर आरती करें)
- धन्वंतरि जी से यह प्रार्थना करें : हे आयुर्वेद के जनक धन्वंतरी देव समस्त जगत को निरोग कर मानव समाज को दीर्घायुष्य प्रदान करें। हमें सपरिवार आरोग्य का वरदान प्रदान करें।
- इस दिन धन्वंतरी जी का पूजन करें।
- नवीन झाडू एवं सूपड़ा खरीदकर उनका पूजन करें।
- सायंकाल दीपक प्रज्वलित कर घर, दुकान आदि को शृंगारित करें।
- मंदिर, गौशाला, नदी के घाट, कुंओं, तालाब, बगीचों में भी दीपक लगाएं।
- यथाशक्ति तांबे, पीतल, चांदी के गृह-उपयोगी नवीन बर्तन व आभूषण क्रय करते हैं।
- हल जुती मिट्टी को दूध में भिगोकर उसमें सेमर की शाखा डालकर तीन बार अपने शरीर पर फेरें।
- कार्तिक स्नान करके प्रदोष काल में घाट, गौशाला, बावड़ी, कुंआं, मंदिर आदि स्थानों पर तीन दिन तक दीपक जलाएं।

☛ धनतेरस पूजन में क्या करें

(अ) कुबेर पूजन

शुभ मुहूर्त में अपने व्यावसायिक प्रतिष्ठान में नई गद्दी बिछाएं अथवा पुरानी गद्दी को ही साफ कर पुनः स्थापित करें।

पश्चात् नवीन बसना बिछाएं।

सायंकाल पश्चात् तेरह दीपक प्रज्वलित कर तिजोरी में कुबेर का पूजन करते हैं।

कुबेर का ध्यान

निम्न ध्यान मंत्र बोलकर भगवान कुबेर पर फूल चढ़ाएं –

श्रेष्ठ विमान पर विराजमान, गरुड़मणि के समान आभावाले, दोनों हाथों में गदा एवं वर धारण करने वाले, सिर पर श्रेष्ठ मुकुट से अलंकृत तुंदिल शरीर वाले, भगवान शिव के प्रिय मित्र निधीश्वर कुबेर का मैं ध्यान करता हूं।

इसके पश्चात निम्न मंत्र द्वारा चंदन, धूप, दीप, नैवेद्य से पूजन करें –

'यक्षाय कुबेराय वैश्रवणाय धन-धान्य अधिपतये
धन-धान्य समृद्धि में देहि दापय स्वाहा।'

इसके पश्चात कपूर से आरती उतारकर मंत्र पुष्पांजलि अर्पित करें।

(ब) यम दीपदान

- तेरस के सायंकाल किसी पात्र में तिल के तेल से युक्त दीपक प्रज्वलित करें।
- पश्चात गंध, पुष्प, अक्षत से पूजन कर दक्षिण दिशा की ओर मुंह करके यम से निम्न प्रार्थना करें–

'मृत्युना दंडपाशाभ्याम् कालेन श्यामया सह।
त्रयोदश्यां दीपदानात् सूर्यजः प्रयतां मम।'

अब उन दीपकों से यम की प्रसन्नता के लिए सार्वजनिक स्थलों को प्रकाशित करें।

इसी प्रकार एक अखंड दीपक घर के प्रमुख द्वार की देहरी पर किसी प्रकार का अन्न (साबूत गेहूं या चावल आदि) बिछाकर उस पर रखें। (मान्यता है कि इस प्रकार दीपदान करने से यम देवता के पाश और नरक से मुक्ति मिलती है।)

यमराज पूजन

- इस दिन यम के लिए आटे का दीपक बनाकर घर के मुख्य द्वार पर रखें।
- रात को घर की स्त्रियां दीपक में तेल डालकर चार बत्तियां जलाएं।
- जल, रोली, चावल, गुड़, फूल, नैवेद्य आदि सहित दीपक जलाकर यम का पूजन करें।

नरक-चतुर्दशी

इस दिन भगवान कृष्ण ने नरकासुर नामक अत्याचारी शासक का वध करके संसार को भीतिमुक्त किया था, इस विजय की स्मृति में यह पर्व मनाया जाता है, ऐसा पुराणों में उल्लेख मिलता है।

इस दिन प्रात:काल समीपस्थ किसी भी नदी सरोवर के तट पर तैलाभ्यंगपूर्वक अपामार्गादि से अभिमंत्रित जल में स्नान करना चाहिए। तैलाभ्यंग का यह शास्त्रीय आदेश सर्वथा सहेतुक है। दीपावली के अवसर पर घरों को स्वच्छ किया जाता है, उन्हें सफेदी से पोता जाता है, झाड़ा-संवारा जाता है, इससे शरीर का मैला हो जाना, उस पर कली आदि के छींटें पड़कर फट जाना तथा थकावट आ जाना स्वाभाविक ही है। इन सब उपद्रवों के उपशमनार्थ तथा शरीर में पुन: नवीन स्फूर्ति भरने के लिए तैलाभ्यंग कितना आवश्यक है इसे प्रत्येक व्यक्ति अच्छी तरह समझ सकता है।

नरक चतुर्दशी जिसे काली चौदस, रूप चौदस, छोटी दीपावली या नरक निवारण चतुर्दशी के नाम भी जाना जाता है। यह एक हिन्दू त्योहार है, जो दीपावली से एक दिन पूर्व मनाया जाता है।

यह लक्ष्मी के स्वागत का पर्व है। इस दिन घर के नरक यानी गंदगी को दूर किया जाता है। जहां सुंदर और स्वच्छ प्रवास होता है, वहां लक्ष्मी जी अपने कुल के साथ आगमन करती हैं। उनके साथ, श्री नारायण, गणपति, शंकर जी, समस्त देवियां, कुबेर, नक्षत्र और नवग्रह होते हैं। यही लक्ष्मी कुल सुख और समृद्धि का प्रतीक है।

कई घरों में इस दिन रात को घर का सबसे बुजुर्ग सदस्य एक दीया जलाकर पूरे घर में घुमाता है और फिर उसे घर से बाहर ले जाकर कहीं दूर रख कर आता है। घर के अन्य सदस्य अंदर रहते हैं और इस दीये को नहीं देखते। यह दीया यम का दीया कहलाता है। माना जाता है कि पूरे घर में इसे घुमा कर बाहर ले जाने से सभी बुराइयां और कथित बुरी शक्तियां घर से बाहर चली जातीं हैं। अत: नरक चतुर्दशी के दिन यह उपाय अवश्य किया जाना चाहिए।

☛ नरक चतुर्दशी से सम्बंधित कथाएं

पहली कथा

हिन्दू शास्त्रों में इस दिन का बड़ा महत्त्व माना जाता है। मान्यता है कि आज के दिन ही भगवान श्री कृष्ण ने अत्याचारी नरकासुर का संहार कर सोलह हजार एक सौ कन्याओं को बंदी गृह से मुक्त कराया था। मुक्ति के बाद कन्याओं ने भगवान कृष्ण से गुहार लगाई कि समाज अब उन्हें कभी स्वीकार नहीं करेगा, इसके लिए आप कोई उपाय निकालें। हमारा सम्मान वापस दिलवाएं। समाज में इन कन्याओं को सम्मान दिलाने के लिए भगवान कृष्ण ने सत्यभामा के सहयोग से 16 हजार कन्याओं से विवाह कर लिया। इस प्रकार 16 हजार कन्याओं को मुक्ति और नरकासुर के वध के उपलक्ष्य में घर-घर दीपदान की परंपरा शुरू हुई।

दूसरी कथा

वामनावतार में भगवान श्रीहरि ने संपूर्ण पृथ्वी नाप ली। बलि के दान और भक्ति से प्रसन्न होकर वामन भगवान ने उनसे वर मांगने को कहा। उस समय बलि ने प्रार्थना की कि कार्तिक कृष्ण त्रयोदशी सहित इन तीन दिनों में मेरे राज्य का जो भी व्यक्ति यमराज के उद्देश्य से दीपदान करें, उसे यमयातना न हो और इन तीन दिनों में दीपावली मनाने वाले का घर लक्ष्मी जी कभी न छोड़ें। भगवान ने कहा-एवमस्तु! जो मनुष्य इन तीन दिनों में दीपोत्सव करेगा, उसे छोड़कर मेरी प्रिया लक्ष्मी कहीं नहीं जाएंगी।

तीसरी कथा

कहते हैं कि रति देव नामक एक पुण्यात्मा और धर्मात्मा राजा थे। उन्होंने अनजाने में भी कोई पाप नहीं किया था लेकिन जब मृत्यु का समय आया तो उनके समक्ष यमदूत आ खड़े हुए।

यमदूत को सामने देख राजा अचंभित हुए और बोले मैंने तो कभी कोई पाप कर्म नहीं किया फिर आप लोग मुझे लेने क्यों आए हो क्योंकि आपके यहां आने का मतलब है कि मुझे नरक जाना होगा। आप मुझ पर कृपा करें और बताएं कि मेरे किस अपराध के कारण मुझे नरक जाना पड़ रहा है।

यह सुनकर यमदूत ने कहा कि- हे राजन्! एक बार आपके द्वार से एक ब्राह्मण भूखा लौट गया था, यह उसी पाप कर्म का फल है। इसके बाद राजा ने यमदूत से एक वर्ष समय मांगा। तब यमदूतों ने राजा को एक वर्ष की मोहलत दे दी। राजा अपनी परेशानी लेकर ऋषियों के पास पहुंचे और उन्हें अपनी सारी कहानी सुनाकर उनसे इस पाप से मुक्ति का उपाय पूछा। तब ऋषि ने उन्हें बताया कि कार्तिक मास की कृष्ण पक्ष की चतुर्दशी का व्रत करें और ब्राह्मणों को भोजन करवा कर उनके प्रति हुए अपने अपराधों के लिए क्षमा याचना करें। राजा ने वैसा ही किया जैसा ऋषियों ने उन्हें बताया। इस प्रकार राजा पाप मुक्त हुए और उन्हें विष्णु लोक

में स्थान प्राप्त हुआ। उस दिन से पाप और नर्क से मुक्ति हेतु भूलोक में कार्तिक चतुर्दशी के दिन का व्रत प्रचलित है।

☛ नरक चतुर्दशी पर क्या करें?

- इस दिन स्नान से पहले शरीर पर तिल्ली के तेल से मालिश जरूर करनी चाहिए। कार्तिक के महीने में जो लोग तेल का प्रयोग नहीं करते हैं वह भी इस दिन तेल का प्रयोग कर सकते हैं। ऐसी मान्यता है कि इस दिन तिल्ली के तेल में लक्ष्मी जी का और जल में गंगा जी का निवास होता है। तेल लगाने से पहले शरीर में उबटन भी लगाना चाहिए। जल में हल्दी और कुमकुम डालकर स्नान करना सर्वोत्तम माना जाता है।
- इस दिन अपने घर की सफाई करना बहुत जरूरी होता है। इस दिन घर के हर कोने की सफाई होनी चाहिए। घर की सफाई के साथ तन और मन की सफाई भी जरूरी है। इसलिए उबटन लगा कर स्नान करना चाहिए। नरक चौदस के दिन तिल के तेल में 14 दीपक जलाने की परंपरा है। कार्तिक मास कृष्ण पक्ष की चतुर्दशी नरक चौदस, रूप चतुर्दशी और छोटी दीपावली के नाम से जानी जाती है।
- इस दिन घर की सफाई के दौरान निकला टूटा-फूटा सामान भी फेंक देना चाहिए। घर में टूटा-फूटा सामान रखना वास्तुदोष माना जाता है। घर में रखे काली पेंट के डिब्बे, रद्दी, टूटे-फूटे कांच या धातु के बर्तन किसी प्रकार का टूटा हुआ सजावटी सामान, बेकार पड़ा फर्नीचर व अन्य प्रयोग में ना आने वाली वस्तुओं को नरक माना जाता है। इसलिए ऐसी बेकार वस्तुओं को घर में नहीं रखना चाहिए।
- कचरे को एकत्र कर डिब्बे या पॉलीथिन में बंद कर कचरे के डिब्बे में ही फेंकना चाहिए। इसे कहीं भी नहीं फेंका जाता है। कचरे को रोड पर यूं ही फेंक देना ठीक नहीं होता है। इससे भी गंदगी फैलती है। स्वच्छता मनुष्य के स्वास्थ के लिए भी आवश्यक है।
- वास्तु शास्त्र में कचरा और गंदगी नकारात्मक ऊर्जा के सबसे बड़े स्त्रोत माने गए हैं। इसलिए समृद्धि को आकर्षित करने के लिए घर के कचरे के साथ ही साथ मन के कचरे को भी साफ करना बेहद जरूरी है।
- नरक चतुर्दशी यानी छोटी दीपावली के दिन हाथी का मीठा खिलाएं या फिर गन्ना। ऐसा करने से हर तरह के दुख और तकलीफों को निवारण हो जाता है।
- नरक चतुर्दशी के दिन सर्वप्रथम लाल चंदन, गुलाब के फूल व रोली के पैकेट की पूजा करें तत्पश्चात उन्हें एक लाल कपड़ें में बांधकर तिजोरी में रख दें। इस उपाय को करने से धन की प्राप्ति होती है और धन घर में रुकता भी है।
- नरक चतुर्दशी को हनुमान जयंती और रूप चौदस के रूप में भी मनाया जाता है। इसलिए इस दिन हनुमान मंदिर जाकर हनुमान जी की पूजा करना बहुत ही शुभ माना

गया है। मान्यता है कि हनुमान जी को प्रसाद में गुण और चने का भोग लगाने से अपार धन की प्राप्ति होती है।

- इस दिन शाम के समय 4 बत्ती वाला मिट्टी का दीपक पूर्व दिशा में अपना मुख कर के घर के मुख्य द्वार पर रखना चाहिए। इस दिन नीले और पीले रंग के वस्त्र पहन कर यम की पूजा करनी चाहिए।

स्नान करने से पूर्व तुम्बी (लौकी का टुकड़ा) और अपामार्ग (आठ उंगली लकड़ी का टुकड़ा), दोनों को अपने सिर के चारों ओर 7 बार घुमाना चाहिए। इससे नर्क का भय समाप्त हो जाता है। तुम्बी और अपामार्ग को घुमाते वक्त यह बोले- 'हे तुम्बी, हे अपामार्ग! आप बार-बार फिराएं जाते हो, आप मेरे पापों को दूर करों ओर कुबुद्धि का नाश करो। स्नान करने के बाद इस तुम्बी और अपामार्ग को घर की दक्षिण दिशा में विसर्जित कर देना चाहिए।

लिंग पुराण के अनुसार इस दिन उड़द के पत्तों के साग से युक्त भोजन करने से व्यक्ति सभी पापों से मुक्त हो जाता है।

☛ पूजन विधि

नरक चतुर्दशी के दिन सूर्योदय से पहले शरीर पर तेल की मालिश करके नहाना शुभ माना जाता है। स्नान के दौरान अपामार्ग पौधे की टहनियों को अपने ऊपर से सात बार घुमाकर सिर पर रखना होता है। साथ में थोड़ी-सी मिट्टी भी रखी जाती है। इसके बाद पानी डालकर इसको बहा दिया जाता है। अंत में पानी में तेल डालकर यमराज को तर्पण किया जाता है। इसके बाद सांध्य बेला में घर के बाहर तेल का एक दीपक जलाकर यमराज का ध्यान किया जाता है। यमराज के लिए किए गए इस दीपदान को लेकर माना जाता है कि इसकी रोशनी से पितरों के रास्ते का अंधेरा दूर हो जाता है।

- इस दिन तिल का उबटन या तेल लगाया जाता है और उसके बाद सूर्य के जगने से पहले स्नान कर लिया जाता है। हालांकि इस दिन गंगा स्नान का विधान है, लेकिन अगर गंगा पास में नहीं हैं तो भी इस मंत्र का जाप करते हुए आप सामान्य जल से भी स्नान कर सकते हैं।

सितालोष्ठसमायुक्तं सकण्टकदलान्वितम्।
हर पापमपामार्ग भ्राम्यमाणः पुनः पुनः।।

- स्नान करने के बाद स्वच्छ वस्त्र धारण करें।
- इसके बाद मस्तक पर तिलक लगाकर दक्षिण दिशा की ओर मुख करके बैठें और इस मंत्र का जाप करते हुए तिलयुक्त तीन-तीन जलांजलि देनी चाहिए ।

  ऊं यमाय नमः

  ऊं धर्मराजाय नमः

ऊं मृत्यवे नमः
ऊं अन्तकाय नमः
ऊं वैवस्वताय नमः
ऊं कालाय नमः
ऊं सर्वभूतक्षयाय नमः
ऊं औदुम्बराय नमः
ऊं दध्नाय नमः
ऊं नीलाय नमः
ऊं परमेष्ठिने नमः
ऊं वृकोदराय नमः
ऊं चित्राय नमः
ऊं चित्रगुप्ताय नमः

- दरअसल, यह एक तरह से यम तर्पण होता है, जिसे करने से सभी पापों का नाश हो जाता है। यह तर्पण कर्म सभी पुरुषों को करना चाहिए, चाहे उनके माता-पिता गुजर चुके हों या जीवित हों।
- इसके बाद सभी देवी देवताओं की पूजा करें और शाम के समय यम का दीया जलाएं।
- नरक चतुर्दशी के दिन भगवान कृष्ण की पूजा जरूर की जाती है, क्योंकि भगवान कृष्ण ने चतुर्दशी के दिन ही नरकासुर नामक राक्षस का वध किया था।
- इस विधि से पूजन करने वाले व्यक्ति के सभी पाप नाश हो जाते हैं और उसे बैकुंठ में स्थान मिलता है। वह नरक में जाने से बच जाता है।

गोवर्धन, अन्नकूट एवं विश्वकर्मा पूजा

दीपावली के ठीक अगले दिन कार्तिक शुक्ल प्रतिपदा को गोवर्धन, अन्नकूट एवं विश्वकर्मा उत्सव मनाया जाता है। दोनों पर्वों का प्रारंभ भगवान श्रीकृष्ण के अवतार के बाद द्वापर युग से प्रारंभ हुआ। यह ब्रजवासियों का मुख्य त्योहार है। गोवर्धन एवं अन्नकूट दोनों त्योहार एक दूसरे से जुड़े हुए हैं। इस दिन दस्तकार और कल-कारखानों में कार्य करने वाले कारीगर भगवान विश्वकर्मा की पूजा भी करते हैं। इस दिन सभी कल-कारखाने तो पूर्णतः बंद रहते ही हैं, घर पर कुटीर उद्योग चलाने वाले कारीगर भी काम नहीं करते। भगवान विश्वकर्मा और मशीनों एवं उपकरणों का दोपहर के समय पूजन किया जाता है।

गोवर्धन पर्व

इस दिन गाय-बैल आदि पशुओं को स्नान कराके धूप-चंदन तथा फूल माला पहनाकर उनका पूजन किया जाता है। इस दिन गौमाता को मिठाई खिलाकर उसकी आरती उतारते हैं तथा प्रदक्षिणा भी की जाती है।

लोग गोबर से गोवर्धन की आकृति बनाकर उसके समीप विराजमान कृष्ण के सम्मुख गाय तथा ग्वाल-बालों की रोली, चावल, फूल, जल, मौली, दही तथा तेल का दीपक जलाकर पूजा और परिक्रमा करते हैं।

हमारे कृषि प्रधान देश में गोवर्धन पूजा जैसे प्रेरणाप्रद पर्व की अत्यंत आवश्यकता है। इसके पीछे एक महान संदेश पृथ्वी और गाय दोनों की उन्नति तथा विकास की ओर ध्यान देना और उनके संवर्धन के लिए सदा प्रयत्नशील होना छिपा है। अन्नकूट का महोत्सव भी गोवर्धन पूजा के दिन कार्तिक शुक्ल प्रतिपदा को ही मनाया जाता है।

ये पूजन पशुधन व अन्न आदि के भंडार के लिए किया जाता है। बालखिल्य ऋषि का कहना है कि अन्नकूट और गोवर्धन उत्सव श्री विष्णु भगवान की प्रसन्नता के लिए मनाना

चाहिए। इन पर्वों से गायों का कल्याण होता है, पुत्र, पौत्रादि संततियां प्राप्त होती हैं, ऐश्वर्य और सुख प्राप्त होता है। कार्तिक के महीने में जो कुछ भी जप, होम, अर्चन किया जाता है, इन सबकी फल प्राप्ति हेतु गोवर्धन पूजन अवश्य करना चाहिए।

☛ गोवर्धन पूजा कथा

गोवर्धन पूजा के विषय में एक कथा प्रसिद्ध है। जब भगवान श्री कृष्ण अपनी गोपियों और ग्वालों के साथ गाय चराते थे। गायों को चराते हुए श्री कृष्ण जब गोवर्धन पर्वत पर पहुंचे तो गोपियां 56 प्रकार के भोजन बनाकर बड़े उत्साह से नाच-गा रही थी। पूछने पर मालूम हुआ कि यह सब देवराज इन्द्र की पूजा करने के लिये किया जा रहा है। देवराज इन्द्र प्रसन्न होने पर हमारे गांव में वर्षा करेंगें। जिससे अन्न पैदा होगा। इस पर भगवान श्री कृष्ण ने समझाया कि इससे अच्छे तो हमारे पर्वत है, जो हमारी गायों को भोजन देते हैं।

ब्रज के लोगों ने श्री कृष्ण की बात मानी और गोवर्धन पर्वत की पूजा करनी प्रारम्भ कर दी। जब इन्द्र देव ने देखा कि सभी लोग मेरी पूजा करने के स्थान पर गोवर्धन पर्वत की पूजा कर रहे हैं, तो उन्हें बिल्कुल अच्छा नहीं लगा। इन्द्र गुस्से में आए और उन्होंने मेघों को आज्ञा दी कि वे गोकुल में जाकर खूब बरसे, जिससे वहां का जीवन अस्त-व्यस्त हो जाए।

अपने देव का आदेश पाकर मेघ ब्रजभूमि में मूसलाधार बारिश करने लगें। ऐसी बारिश देख कर सभी भयभीत हो गये। और दौड़ कर श्री कृष्ण की शरण में पहुंचें, श्री कृष्ण ने सभी को गोवर्धन पर्व की शरण में चलने को कहा। जब सब गोवर्धन पर्वत के निकट पहुंचे तो श्री कृष्ण ने गोवर्धन को अपनी कनिष्का अंगूली पर उठा लिया। सभी ब्रजवासी भाग कर गोवर्धन पर्वत के नीचे चले गयें। ब्रजवासियों पर एक बूंद भी जल नहीं गिरा। यह चमत्कार देखकर इन्द्रदेव को अपनी गलती का अहसास हुआ। और वे श्री कृष्ण से क्षमा मांगने लगें। सात दिन बाद श्री कृष्ण ने गोवर्धन पर्वत नीचे रखा और ब्रजवासियों को प्रतिवर्ष गोवर्धन पूजा और अन्नकूट पर्व मनाने को कहा। तभी से यह पर्व इस दिन से मनाया जाता है।

☛ गोवर्धन पूजा की विधि

- गोवर्धन पूजा के दिन ब्रह्म मुहूर्त में उठकर शरीर पर तेल लगाने के बाद स्नान कर स्वच्छ वस्त्र धारण करें।
- अब अपने ईष्ट देवता का ध्यान करें और फिर घर के मुख्य दरवाजे के सामने गाय के गोबर से गोवर्धन पर्वत बनाएं।
- अब इस पर्वत को पौधों, पेड़ की शाखाओं और फूलों से सजाएं। गोवर्धन पर अपामार्ग की टहनियां जरूर लगाएं।
- अब पर्वत पर रोली, कुमकुम, अक्षत और फूल अर्पित करें।

- अनेक स्थानों पर इसके मनुष्याकार बनाकर पुष्पों, लताओं आदि से सजाया जाता है। शाम को गोवर्धन की पूजा की जाती है। पूजा में धूप, दीप, नैवेद्य, जल, फल, फूल, खील, बताशे आदि का प्रयोग किया जाता है।
- गोवर्धन में अपामार्ग अनिवार्य रूप से रखा जाता है।
- पूजा के बाद गोवर्धनजी के सात परिक्रमाएं उनकी जय बोलते हुए लगाई जाती हैं। परिक्रमा के समय एक व्यक्ति हाथ में जल का लोटा व अन्य खील (जौ) लेकर चलते हैं। जल के लोटे वाला व्यक्ति पानी की धारा गिराता हुआ तथा अन्य जौ बोते हुए परिक्रमा पूरी करते हैं।
- गोवर्धनजी गोबर से लेटे हुए पुरुष के रूप में बनाए जाते हैं। इनकी नाभि के स्थान पर एक कटोरी या मिट्टी का दीपक रख दिया जाता है। फिर इसमें दूध, दही, गंगाजल, शहद, बताशे आदि पूजा करते समय डाल दिए जाते हैं और बाद में इसे प्रसाद के रूप में बांट देते हैं।
- अगर आपके घर में गायें हैं तो उन्हें स्नान कराकर उनका शृंगार करें। फिर उन्हें रोली, कुमकुम, अक्षत और फूल अर्पित करें। आप चाहें तो अपने आसपास की गायों की भी पूजा कर सकते हैं। अगर गाय नहीं है तो फिर उनका चित्र बनाकर भी पूजा की जा सकती है।
- अब गायों को नैवेद्य अर्पित करें।
- इसके बाद गोवर्धन पर्वत और गायों को भोग लगाकर आरती उतारें।
- जिन गायों की आपने पूजा की है शाम के समय उनसे गोबर के गोवर्धन पर्वत का मर्दन कराएं यानी कि अपने द्वारा बनाए गए पर्वत पर पूजित गायों को चलवाएं। फिर उस गोबर से घर-आंगन लीपें।
- इस दिन इंद्र, वरुण, अग्नि और भगवान विष्णु की पूजा और हवन भी किया जाता है।

अन्नकूट पर्व

अन्नकूट पूजा ठीक दीपावली के अगले दिन मनाई जाती है। अन्नकूट पर्व भी गोवर्धन पर्व से ही संबन्धित है। अन्नकूट पूजा के पर्व पर अन्न का विशेष महत्त्व है। इस दिन 56 प्रकार की सब्जियों को मिलाकर एक भोजन तैयार किया जाता है, जिसे 56 भोग की संज्ञा दी जाती है। यह पर्व विशेष रूप से प्रकृति को उसकी कृपा के लिये धन्यवाद करने का दिन है। इस महोत्सव के विषय में कहा जाता है कि इस पर्व का आयोजन व दर्शन करने मात्र से व्यक्ति को अन्न की कमी नहीं होती है। उस पर अन्नपूर्णा की कृपा सदैव बनी रहती है। काशी के लगभग सभी देवालयों में कार्तिक मास में अन्नकूट करने कि परम्परा है। काशी के विश्वनाथ

मंदिर में लड्डूओं से बनाये गये शिवालय की भव्य झांकी के साथ विविध पकवान बनाये जाते हैं।

इस पर्व पर कई तरह के खाने, मिठाई, पकवान यानी छप्पन भोग बनाकर भगवान को भोग लगाया जाता है। गोवर्धन पूजा के दिन अन्नकूट की सब्जी बनाई जाती है। क्योंकि गोवर्धन पूजा में अन्नकूट की सब्जी और पूरी का प्रसाद बना कर चढ़ाया जाता है। इस समय जो भी नई सब्जियां बाजार में मिलती हैं सभी सब्जियों को मिलाकर सब्जी का प्रसाद तैयार किया जाता है। अन्नकूट की सब्जी बनाने के लिए सभी तरह की सब्जियों को थोड़ा-थोड़ा खरीद लाएं। उसके बाद सभी सब्जियों को मिलाकर पका लें। गोवर्धन पूजा में और घर के मंदिर इस सब्जी का भोग लगाएं।

ब्रज के मंदिरों में अन्नकूट की परंपरा के अनुसार सर्वप्रथम चावल-हल्दी मिश्रित रोपन से रेखांकन किया जाता है। इसके ऊपर घास का मूठा बनाकर उसे बड़े-बड़े पत्तलों से ढक देते हैं। उसके ऊपर चावलों के कोट से गिरिराज जी की आकृति बनाते हैं। श्री विष्णु भगवान के चारों आयुधों (शंख, चक्र, गदा, पदम) के समान चार बड़े गूझे चारों भुजाओं के रूप में रख दिए जाते हैं। मध्य में बड़ा गोलाकार चांद बनाते हैं जिसे गिरिराज का शिखर माना जाता है। चावल के कोट पर लंबी तुलसी माला लगाकर केसर से सजाते हैं।

एक ओर जल एवं दूसरी ओर घी की हांडी रर्खं जाती है। अन्नकूट के रूप में मिष्ठान, दूध, सामग्री, मेवा, भात, दाल, कढ़ी, साग, कंद, रायता, खीर, कचरिया, बड़ा बड़ी व अचार प्रयोग किया जाता है।

क्यों पड़ा पर्व का नाम अन्नकूट?

दरअसल अन्नकूट पर्व पर तरह-तरह के पकवानों से भगवान की पूजा का विशेष विधान है। इस शब्द का मतलब ही होता है अन्न का समूह। जिसकी वजह से इस त्योहार को अन्नकूट पर्व के नाम से जानते हैं। श्रद्धालु तरह-तरह की मिठाइयों, पकवानों से भगवान का भोग लगाते हैं।

विश्वकर्मा पर्व

भगवान विश्वकर्मा को निर्माण का देवता माना जाता है। हिन्दू मान्यताओं के अनुसार पौराणिक काल में देवताओं के अस्त्र-शस्त्र व महलों को भगवान विश्वकर्मा ने ही बनाया था। इसके साथ ही इन्होंने सोने की लंका, पुष्पक विमान, इंद्र का वज्र, भगवान शिव का त्रिशूल, पांडवों की इंद्रप्रस्थ नगरी, भगवान कृष्ण की द्वारिका नगरी को भी बनाया था। इस वजह से निर्माण और सृजन से जुड़े लोग विश्वकर्मा जयंती को श्रद्धा भाव से पूजा करते हैं। यह पूजा सभी कलाकारों, बुनकर, शिल्पकारों और उद्योगपतियों द्वारा की जाती है। इसलिए इस दिन उद्योगों,

फैक्ट्रियों और हर तरह के मशीन की पूजा की जाती है। इसे देश के कई भागों में दीपावली के दूसरे दिन विश्वकर्मा जयंती के रूप में मनाया जाता है।

देखा जाये तो हम विश्वकर्मा को दुनिया का सबसे पहला इंजीनियर और वास्तुकार कह सकते हैं। इसी कारण इन्हें 'देवताओं का शिल्पकार', 'वास्तुशास्त्र का देवता', 'प्रथम इंजीनियर', 'देवताओं का इंजीनियर' और 'मशीन का देवता' भी कहा जाता है। विष्णु पुराण में विश्वकर्मा को 'देव बढ़ई' कहा गया है। कहते हैं कि प्राचीन काल में जितनी राजधानियां थी, प्रायः सभी विश्वकर्मा ने ही बनाई थी। यहां तक कि सतयुग का 'स्वर्ग लोक', त्रेता युग की 'लंका', द्वापर की 'द्वारिका' और कलयुग का 'हस्तिनापुर' आदि विश्वकर्मा द्वारा ही रचित हैं। 'सुदामापुरी' की तत्क्षण रचना के बारे में भी यह कहा जाता है कि उसके निर्माता विश्वकर्मा ही थे।

☛ देवताओं के लिए बनाए अस्त्र

मान्यता है कि एक बार असुरों से परेशान देवताओं की गुहार पर विश्वकर्मा ने महर्षि दधीची की हड्डियों से देवताओं के राजा इंद्र के लिए वज्र बनाया। यह वज्र इतना प्रभावशाली था कि असुरों का सर्वनाश हो गया। यही वजह है कि सभी देवताओं में भगवान विश्वकर्मा का विशेष स्थान है। उन्होंने ही देवताओं के विभिन्न अस्त्र शस्त्रों, गहने, विमान आदि की भी रचना की। माना जाता है कि उन्होंने उड़ीसा स्थित जगन्नाथ मंदिर के लिए भगवान जगन्नाथ सहित, बलभद्र और सुभद्रा की मूर्ति का निर्माण अपने हाथों से किया था। इसके अलावा उन्होंने कई बेजोड़ हथियार बनाए जिनमें भगवान शिव का त्रिशूल, भगवान विष्णु का सुदर्शन चक्र और यमराज का कालदंड शामिल हैं। यही नहीं उन्होंने दानवीर कर्ण के लिए कुंडल और पुष्पक विमान भी बनाया।

☛ दिया ब्रह्मांड को रचने में सहयोग

कहते हैं जब भी वह किसी चीज का निर्माण करते थे तो उनके पांच पुत्र मनु, माया, त्वस्त, शिल्पी, देवगण उनको अपना सहयोग देते थे। इनके पांचों पुत्रों को पांचाल भी कहा जाता है। विश्वकर्मा पुराण के 35वें अध्याय में उनके जीवन व परिवार संबंधी पूरी विस्तृत जानकारी दी गई है। शास्त्रों, वेदों में उन्हें सृष्टिकर्ता प्रजापति, सवंत्सर, परमात्मा कहा गया है। विश्वकर्मा पुराण में कहा गया है कि आदि नारायण ने सर्वप्रथम 'ब्रह्मा जी' और फिर 'विश्वकर्मा जी' की रचना की। श्री नारायण ने ही विश्वकर्मा जी को आदेश दिया कि वे संपूर्ण ब्रह्मांड की रचना करें। इसके लिए ब्रह्मा जी ने ब्रह्मांड को 14 भागों में बांटा जिसमें सात भाग पाताल लोक के थे, पाताल लोक में नागलोक, दैत्यलोक, यक्षलोक व ब्रह्मांड में भूलोक, स्वर्गलोक, नरक लोक प्रमुख थे।

विश्वकर्मा जी की सहायता से ही ब्रह्मा जी ने पांच ज्ञानेंदियों व मानव पशु, पक्षी, जीव, जन्तुओं की रचना की ताकि धरती पर जीवन का चक्र चल सके। इतना ही नहीं विश्वकर्मा जी ने ही समय-समय पर प्राय: प्रत्येक युग में अलग-अलग महत्त्वपूर्ण रचनाएं रची।

☛ विश्वकर्मा की जन्म कथा

एक कथा के अनुसार संसार की रचना के आरंभ में भगवान विष्णु सागर में प्रकट हुए। विष्णु जी के नाभि-कमल से ब्रह्मा जी दृष्टिगोचर हो रहे थे। ब्रह्मा के पुत्र 'धर्म' का विवाह 'वस्तु' से हुआ। धर्म के सात पुत्र हुए इनके सातवें पुत्र का नाम 'वास्तु' रखा गया, जो शिल्पशास्त्र की कला से परिपूर्ण थे। 'वास्तु' के विवाह के पश्चात उनका एक पुत्र हुआ जिसका नाम विश्वकर्मा रखा गया, जो वास्तुकला के अद्वितीय गुरु बने।

हमारे धर्मशास्त्रों और ग्रथों में विश्वकर्मा के पांच स्वरूपों और अवतारों का वर्णन प्राप्त होता है।

विराट विश्वकर्मा - सृष्टि के रचयिता

धर्मवंशी विश्वकर्मा - महान शिल्प विज्ञान विधाता प्रभात पुत्र

अंगिरावंशी विश्वकर्मा - आदि विज्ञान विधाता वसु पुत्र

सुधन्वा विश्वकर्मा - महान शिल्पाचार्य विज्ञान जन्मदाता ऋषि अथवी के पात्र

भृंगुवंशी विश्वकर्मा - उत्कृष्ट शिल्प विज्ञानाचार्य (शुक्राचार्य के पौत्र)

☛ विश्वकर्मा पूजा विधि

पूजा सामग्री- धूपबत्ती, दीपक, सुपारी, फूल, गंध तिलक आदि का प्रयोग किया जाना चाहिए। पूजा स्थल पर जल से भरा हुआ कलश रखना चाहिए। विश्वकर्मा जी की मूर्ति या तस्वीर को स्थापित कर उनकी पूजा करनी चाहिए। इसके बाद जितने भी औजार मशीने हैं, उनकी पूजा करनी चाहिए। यज्ञ समाप्त होने के पश्चात् प्रसाद का वितरण किया जाना चाहिए।

इस दिन पूजा करने के लिए सबसे पहले सूर्योदय से पूर्व स्नान आदि कर लें। इस दिन खास तौर पर पूजा ऑफिस, कारोबार या नौकरी की जगह पर की जाती है। इस दिन हर कारीगर अपनी मशीनों की पूजा करता है। इस दिन पूजा करने के लिए पति-पत्नी साथ में पूजा करें। हाथ में चावल ग्रहण कर विश्कर्मा जी को स्मरण करते हुए इस मंत्र का उच्चारण करना चाहिए।

ॐ आधार शक्तपे नमः और ओम् कूमयि नमः ओम अनन्तम नमः,
पृथिव्यै नमः या ॐ श्री श्रिष्टनतया सर्वसिद्धहया विष्वकर्माया नमो नमः ॥

तत्पश्चात् हाथ में पुष्प, अक्षत लेकर मंत्र पढ़े और चारों ओर अक्षत छिड़के। अपने हाथ में

रक्षासूत्र बांधे एवं पत्नी को भी बांधे। पुष्प जलपात्र में छोड़ें। इसके बाद हृदय में भगवान विश्वकर्मा का ध्यान करें। दीप जलाएं, जल के साथ पुष्प एवं सुपारी लेकर संकल्प करें।

शुद्ध भूमि पर अष्टदल कमल बनाएं। उस पर जल डालें। इसके बाद पंचपल्लव, सप्त मृन्तिका, सुपारी, दक्षिणा कलश में डालकर कपड़े से कलश की तरफ अक्षत चढ़ाएं। चावल से भरा पात्र समर्पित कर विश्वकर्मा बाबा की मूर्ति स्थापित करें और वरुण देव का आह्वान करें।

पुष्प चढ़ाकर कहना चाहिए- 'हे विश्वकर्माजी, इस मूर्ति में विराजिए और मेरी पूजा स्वीकार कीजिए'। इस प्रकार पूजन के बाद विविध प्रकार के औजारों और यंत्रों आदि की पूजा कर हवन यज्ञ करें। अंत में भगवान विश्वकर्मा की आरती उतारें।

●

भैया दूज

दीपावली के पंच पर्वों में एक है भैया दूज। भाई-बहन के प्यार भरे रिश्ते का यह पर्व भारत में अनेक नामों से जाना जाता है । भैया दूज क्यों मनाया जाता है , साथ ही क्या है इसका महत्त्व? आइए जानते हैं।

दीपावली के साथ केवल दीपमालाएं ही नहीं, वरन् अनेक पर्वों और उत्सवों की मालाएं भी गुंथी हुई हैं। त्रयोदशी से लेकर कार्तिक द्वितीया तक के पांच दिन अपनी कई पुनीत स्मृतियां व परंपराएं लेकर प्रतिवर्ष उपस्थित होते हैं। इन्हीं में से एक पर्व है- भ्रातृ द्वितीया अथवा भाईदूज, जो दीपावली के तीसरे दिन मनाया जाता है। समस्त भारत में मनाए जाने वाले इस पर्व को अलग-अलग नामों से पुकारा जाता है, यथा-बंगाल में भाईफोटा, महाराष्ट्र में भाऊ बीज, गुजरात में भाई बीज, पंजाब में टीका आदि।

कालांतर में अनेक पौराणिक कथाओं का सृजन, भाई-बहन के एकनिष्ठ निःस्वार्थ एवं तन्मय नेह को पोषित करने के लिए हुआ।

☛ पर्व से जुड़ी कथा

भाईदूज की पौराणिक कथानुसार सूर्य के पुत्र यम और पुत्री यमी में प्रगाढ़ प्रेम था, परंतु यम के राज्यकार्य में प्राचुर्य के कारण यमी काफी समय तक अपने भाई यम से नहीं मिल सकी। जब मन बहुत व्याकुल हुआ तो यमी ने आवश्यक संदेश भेजकर यम से तुरंत मिलने का आग्रह किया। बहन की सूचना पाकर यम उसके पास शीघ्र पहुंचे। उस दिन भैयादूज वाला दिन था। यमी ने यम का अभूतपूर्व स्वागत सत्कार किया। प्रसन्न होकर यम ने यमी से कुछ भी मांगने को कहा। तब यमी ने यही वर मांगा कि तुम कम-से-कम वर्ष में एक बार इसी दिन मुझसे मिलने आया करो। यम ने सहर्ष स्वीकारते हुए कहा कि 'लोग मेरा नाम भी स्मरण करते हुए हिचकिचाते और भय खाते हैं, जबकि तुम श्रद्धा से निमंत्रण दे रही हो, फिर क्यों नहीं आऊंगा।' आज के दिन जो भी बहन अपने बुरे-से-बुरे भाई को भी बुलाकर टीका करेगी, उसके पाप दूर हो जाएंगे।

चूंकि इस दिन यमराज ने अपनी बहन यमुना के घर भोजन किया था, इसलिए युगों से इस परंपरा का निर्वाह आज भी भाई करते हैं।

भैया दूज की एक अन्य रोचक कथा के अनुसार एक लड़की के कई भाई थे। किंतु सभी एक-एक करके इस दुनिया से कूच कर गए। सिर्फ एक बचा था। भैयादूज के दिन जब वह अपनी बहन के घर टीका कराने जा रहा था तो रास्ते में उसे शेर मिला, जो उसे मारकर खाने आगे बढ़ा। लड़के ने प्रार्थना की कि जब वह बहन के घर से टीका कराकर लौटेगा तब खा लेना, शेर मान गया।

आगे चलकर एक सांप मिला। उससे भी लड़के ने वैसा ही वादा किया। इसी तरह कई बाधाएं पार करके वह बहन के यहां पहुंचा तो टीका करवाने के उपरांत भाई ने उसे रास्ते की सब बातें बताईं। बहन ने समझ लिया कि इस अंतिम भाई की मृत्यु भी निकट है। अत: उसने यमराज की तन्मयता से पूजा की और भाई की अकाल मृत्यु न होने का वरदान मांग लिया। तत्पश्चात् भाई को स्वयं अपने साथ लेकर चल पड़ी। रास्ते में वे सभी जीव उसकी ओर बढ़े, किंतु भाई के माथे पर टीका देखकर लौट गए। इस तरह भाई सकुशल घर पहुंच गया और फिर दीर्घजीवन पाया।

वस्तुत: ये विचित्र कथाएं, भाईदूज के महत्त्व पर प्रकाश डालती हैं तथा प्रेरणा देती हैं कि नि:स्वार्थ भावना के द्वारा ही भाई-बहनों के संबंधों को सुदृढ़ बनाया जा सकता है।

इस तिथि को बहन के यहां भोजन करने तथा उसे कुछ द्रव्य देने की प्रथा है, जो शुभ समझी जाती है। दूर-दूर से भाई-बहन इस दिन यमुना स्नान करने मथुरा पहुंचते हैं तथा पुण्य के भागी होते हैं। ऐसी मान्यता है कि यदि यमुना तट पर बहन के हाथ का बनाया भोजन भाई ग्रहण करे, तो वह उसके लिए आयुवर्द्धक होता है। व्यवसायी लोग इस दिन कलम-दवात की पूजा भी करते हैं।

क्या आवश्यक है दीपावली पूजन में?

पर्वों का महापर्व दीपावली भले ही दिए जलाने व उपहार बांटने का पर्व हो, परंतु यह पर्व बिना लक्ष्मी-गणेश जी की पूजा-अर्चना के अधूरा है। इस पर्व का लाभ उठाने के लिए आवश्यक है कि दोनों का पूर्ण विधि अनुसार पूजन किया जाए, परंतु इस महा पूजा से पहले इसकी महा तैयारी भी है। यदि पूर्व की तैयारी सही हो पाएगी तभी सही अर्थों में पूजा सफल हो पाएगी। क्या आवश्यक है पूजा से पूर्व आइए जानते हैं।

चौकी पर लक्ष्मी व गणेश की मूर्तियां इस प्रकार रखें कि उनका मुख पूर्व या पश्चिम में रहे। लक्ष्मी जी गणेश जी की दाहिनी ओर रहें। पूजनकर्ता मूर्तियों के सामने की तरफ बैठें। कलश को लक्ष्मी जी के पास चावलों पर रखें। नारियल को लाल वस्त्र में इस प्रकार लपेटें कि नारियल का अग्रभाग दिखाई दे व इसे कलश पर रखें। यह कलश वरुण का प्रतीक है। अब दो बड़े दीपक रखें। एक में घी भरें व दूसरे में तेल। एक दीपक चौकी के दायीं ओर रखें व दूसरा मूर्तियों के चरणों में। इसके अतिरिक्त एक दीपक गणेश जी के पास रखें।

मूर्तियों वाली चौकी के सामने एक छोटी चौकी रखकर उस पर लाल वस्त्र बिछाएं। कलश की ओर एक मुट्ठी चावल से लाल वस्त्र पर नवग्रह की प्रतीक नौ ढेरियां तीन लाइनों में बनायें। इसे आप चित्र (1) के चिह्न से देख सकते हैं। गणेश जी की ओर चावल की सोलह ढेरियां बनाएं। यह सोलह ढेरियां मातृका (2) की प्रतीक हैं। इन्हें आप चित्र में (2) के चिह्न से देख सकते हैं। नवग्रह व सोलह मातृका के बीच में स्वास्तिक (3) का चिह्न बनायें। इसके बीच में सुपारी (4) रखें व चारों कोनों पर चावल की ढेरी। सबसे ऊपर बीचों बीच 'ॐ' लिखें।

☛ छोटी चौकी की व्यवस्था

लक्ष्मी जी की ओर श्री का चिह्न (5) बनाएं। गणेश जी की ओर त्रिशूल (6) बनायें व चावल की ढेरी (7) लगायें जो कि ब्रह्मा जी का प्रतीक है। सबसे नीचे चावल की नौ ढेरियां बनायें (8) जो मातृका की प्रतीक है। इन सबके अतिरिक्त बही-खाता, कलम-दवात व सिक्कों की थैली भी रखें।

☛ पूजन की थालियों की व्यवस्था

छोटी चौकी के सामने तीन थाली व पानी का कलश रखें। थालियों की निम्नानुसार व्यवस्था करें। पहली थाली में ग्यारह दीपक जलायें। दूसरी थाली में 1. खील, 2. बताशे, 3. मिठाई, 4. वस्त्र, 5. आभूषण, 6. चन्दन का लेप, 7. सिन्दूर कुमकुम, 8. सुपारी, 9. पान। अब तीसरी थाली में 1. फूल, 2. दूर्वा, 3. चावल, 4. लौंग, इलायची, केसर-कपूर, 5. हल्दी-चूने का लेप, 6. सुगंधित पदार्थ, 7. धूप, अगरबत्ती, 8. एक दीपक। उपरोक्त छोटी चौकी में तीनों थालियों की व्यवस्था को समझने के लिए नीचे दिए गए चित्र पर ध्यान दें।

चौकी 1	**व्यवस्था**

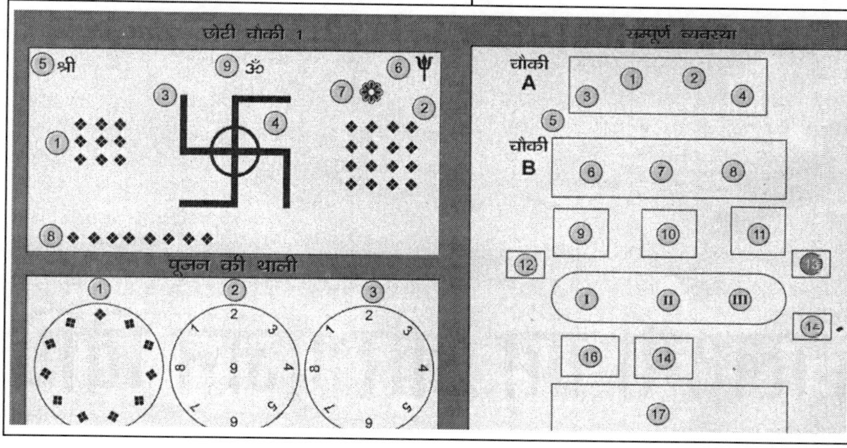

☛ चौकी (1) और चौकी (2)

1. लक्ष्मी, 2. गणेश, 3-4. मिट्टी के दो बड़े दीपक 5. कलश, जिस पर नारियल रखें, 6. नवग्रह, 7. षोड्शमातृकाएं, 8. कोई प्रतीक, 9. बही-खाता, 10. कलम और दवात, 11. नकदी की संदूक, 12. थालियां (तीनों), रात्रि में इन समस्त सामग्री को एकत्र कर लेनी चाहिए और उपरोक्त विधि अनुसार उनको स्थापित कर पूजा-अर्चना करनी चाहिए। 13. जल का पात्र, छोटी मटकी, 14. यजमान, 15. पुजारी, 16. परिवार के सदस्य, 17. आगन्तुक।

उपरोक्त दोनों चौकियों की व्यवस्था को आसानी से समझने के लिए सम्पूर्ण व्यवस्था चित्र को ध्यान से देखिए। इन थालियों के सामने यजमान बैठें। आपके परिवार के सदस्य आपकी बाई ओर बैठें। कोई आगन्तुक हो तो वह आपके या आपके परिवार के सदस्यों के पीछे बैठे। उपरोक्त छोटी-छोटी लेकिन काम की बातों पर आप पाठकों को अवश्य ही ध्यान देना चाहिए।

☛ दीपावली पूजन सामग्री

श्री फल-2 नग, गोला-1 नग, रोली-2, सिंदूर-50 ग्राम, मौली-30 ग्राम, पान-5 नग, 1 पान लगा हुआ, सुपारी-11 नग, लौंग-2, इलायची-5, कपूर-2, यज्ञोपवीत-2 नगे, पीली सरसों, गुलाब जल-10 नि.ली., गंगाजल-100 मि.ली., कपड़ा लाल-1 मीटर, गेहूं-1 कि.ग्राम, चावल-1 कि.ग्राम., अष्टगंध-पुड़िया, सर्वोषधी-1, दूध-200 ग्राम, बूरा-250 ग्राम, रुई-2, इत्र-1 शीशी, पंचमेवा-5 नग, सेब-2 नग, गन्ना-जोड़ा, गुलाब पुष्प-250 ग्राम, पुष्प माला-2 नग, दूर्वा, बिल्वपत्र, कमल पुष्प-2 नग, दीपक (मिट्टी के)-5 नंग, माचिस-1 खुल्ले रुपए।

॥ श्री गणेशाय नमः ।।

महालक्ष्मी नमस्तुभ्यं नमस्तुभ्यं सुरेश्वरि।
हरिप्रिये नमस्तुभ्यं नमस्तुभ्यं दयानिधे।।
पद्मालये नमस्तुभ्यं नमस्तुभ्यं च सर्वदे।
सर्वभूत हितार्थाय वसु सृष्टिं सदाकुरु॥

॥ पूजनारंभ।।

कार्तिक मास की अमावस्या को शुभ मुहूर्त में घर अथवा कमरे के उत्तर पूर्व (ईशान) कोण में स्वच्छ व शुद्ध स्थान पर एक चौकी पर लाल वस्त्र बिछाकर भगवान श्री गणेश व मां महालक्ष्मी की मूर्तियां, चित्र व द्रव्यलक्ष्मी (सिक्के) की स्थापना करें। शुद्ध होकर उत्तराभिमुख होकर आचमन, यवित्री धारण, मार्जन, प्राणायाम कर निम्न मंत्र पढ़ते हुए स्वयं व पूजा सामग्री के ऊपर जल छिड़कें-

अपवित्रः पवित्रो वा सर्वावस्थां गतोऽपि वा।
यः स्मरेत् पुण्डरीकाक्षं सः बाह्याभ्यंतरः शुचिः।।

इसके पश्चात आसन शुद्धि व स्वस्ति पाठ करते हुए गंगा जल, पुष्प, अक्षत, कुमकुम हाथ में लेकर पूजन का संकल्प लें। सर्वप्रथम वाम भाग में दीप प्रज्वलित कर उसे पुष्प, कुमकुम, अक्षत से पूजित करें। सुपारी पर मौली लपेटकर गणेश अम्बिका स्वरूप बनाकर, हाथ में

पुष्प, अक्षत, जल लेकर श्री गणेश जी का ध्यान व आह्वान निम्न मंत्र से करें व पुष्प श्री गणेश पर छोड़ें

गजाननं भूतगणादिसेवितं कपित्थजम्बूफल चारुभक्षणम्।
उमासुतं शोक विनाशकारकं नमामि विघ्नेश्वर पादपंकजम् ।।

मां भगवती के ध्यान व आह्वान हेतु हाथ में अक्षत, पुष्प व जल लेकर निम्न मंत्र सहित अर्पित करें-

नमोदेव्यै महादेव्ये शिवाय सततं नमः प्रकृत्यै भद्राये नियताः प्रणताः स्मृताम्।।

फिर कलश पूजन, नवग्रह पूजन हेतु कुमकुम, पुष्प व अक्षत क्रमानुसार निम्न मंत्रों द्वारा अर्पित करें -

श्री वरुण देवतायै नमः। श्री नवग्रह देवतायै नमः।
श्री षोड्शमातृकाभ्यां नमः।।

तत्पश्चात् श्री गणेश व मां अंबिका का षोड्शोपचार पूजन करें-

ऊं देवस्य त्वा सवितुः पान मा बाहुभ्यां पूषणो हस्ताभ्याम्।
यजुः एतानि पाद्यार्याचमनीय समर्पयामि।

।। श्री गणेशाम्बिकाभ्यां नमः ।।

इसके पश्चात् दूध, दही, पंचामृत व जल से स्नान कराकर वस्त्र, आभूषण, चंदन, पुष्प, हल्दी, दूर्वा, माला, गंध, सिंदूर आदि क्रमानुसार अर्पित करें। धूप व दीप दर्शाते हुए नैवेद्य, लौंग, इलायची का समर्पण करें।

।।श्री महालक्ष्म्यै नमः ।।

सर्वप्रथम हाथ में पुष्प लेकर महालक्ष्मी जी का ध्यान निम्न मंत्र से करें-

या सा पद्मसनास्था विपुलकटितटी पद्मपत्रायताक्षी। गम्भीरावर्तनाभि
स्तनभरनमिता शुभ्रवस्त्रोत्तीया। या लक्ष्मीः दिव्यरूपैः मणिगणखचितैः
स्नापिता हेम कुंभः। सा नित्यं पद्महस्ता मम वसतु गृहे सर्वमांगल्ययुक्ता।।

श्री महालक्ष्मी जी के आह्वान हेतु महालक्ष्मी जी को पुष्प चढ़ाकर उनका आह्वान करें-

ऊं हिरण्य वर्णा हरिणीं सुवर्णरजस्त्राम्।
चंद्रा हिरण्यमयीं लक्ष्मी जातवेदो मूआवह।।

अब एक-एक सामग्री अर्पित करते हुए मंत्र पढ़ें-

अक्षत, पुष्प- 3 श्री महालक्ष्म्य नमः, आसनार्थ अक्षतान पुष्पान् समर्पयामि।

चंदन, जल- 3 श्री महालक्ष्म्यै नमः, पाद्यार्थ चंदनजलं समर्पयामि।
गंगा जल- 3 श्री महालक्ष्म्यै नमः, अर्घ्यार्थ अष्टगंध जलं समर्पयामि।
गंगा जल- 3 श्री महालक्ष्मयै नमः, आचमनीयार्थे गंगा जलं समर्पयामि।
जल- 3 श्री महालक्ष्म्यै नमः, स्नानार्थे गंगा जलं समर्पयामि।
पंचामृत- ऊं श्री महालक्ष्म्यै नमः, पंचामृत स्नानं समर्पयामि।
ऊं श्री महालक्ष्म्ये नमः, शुद्धोदक स्नानं समर्पयामि।
मौली- ऊं श्री महालक्ष्म्यै नमः, वस्त्र समर्पयामि।
मौली- ऊं श्री महालक्ष्म्यै नमः, उपवस्त्रं समर्पयामि।
माला- ऊं श्री महालक्ष्म्यै नमः, आभूषणं समर्पयामि।
गंध- ऊं श्री महालक्ष्म्यै नमः, गंधं समर्पयामि।
चंदन- ऊं श्री महालक्ष्म्यै नमः, चंदन समर्पयामि।
सिंदूर- ऊं श्री महालक्ष्म्यै नमः, सिंदूरं समर्पयामि।
कुमकुम- ऊं श्री महालक्ष्म्यै नमः, कुंकुम समर्पयामि।
अक्षत- ऊं श्री महालक्ष्म्ये नमः, अक्षता समर्पयामि।
ऊं श्री महालक्ष्म्यै नमः, पुष्पं समर्पयामि।
पुष्पमाला- ऊं श्री महालक्ष्म्यै नमः, पुष्पमाल्यं समर्पयामि।
दूर्वा- ऊं श्री महालक्ष्म्यै नमः, दूर्वादलं समर्पयामि।
इत्र- ऊं श्री महालक्ष्म्यै नमः, सुगंधि तैलं समर्पयामि।

तत्पश्चात् अंगपूजा हेतु हाथ में चंदन, अक्षत, पुष्प लेकर प्रत्येक मंत्र पश्चात थोड़ा-थोड़ा छोड़ते जाएं-

ऊं चपलायै नमः पादौ हे पूजयामि ऊं चंचलायै नमः जानुनी पूजयामि, ऊं कमलायै नमः पूजयामि, ऊं कात्यायिन्ये नमः नाभि पूज्यामि, ऊं जगन्मात्रै नमः जठरं पूजयामि ऊं विश्वल्लभायै नमः पद्मकमलायै नमः मुखं पूजयामि, ऊं कमल पत्रास्थै नमः नेत्रत्रयं पूजयामि, ऊं श्रियै नमः शिरः पूजयामि।

अब अष्टलक्ष्मी पूजन हेतु मंत्र पढ़ते हुए पुष्प व अक्षत प्रदान करते जाएं-

ऊं आद्यलक्ष्म्यै नमः। ऊं विद्यालक्ष्म्यै नमः।
ऊं सौभाग्यलक्ष्म्ये नमः। ऊं अमृतलक्ष्म्यै नमः।
ऊं कामलक्ष्म्यै नमः। ऊं सत्यलक्ष्म्यै नमः।
ऊं भोगलक्ष्म्यै नमः। ऊं योगलक्ष्म्यै नमः।

पुनः निम्न सामग्री अर्पित करते हुए मंत्र पढ़ें-

धूप- ऊं श्री महालक्ष्म्यै नमः धूपं आघ्रापयामि।

दीप- ऊं श्री महालक्ष्म्यै नमः दीपं दर्शयामि।

नैवेद्य- ऊं श्री महालक्ष्म्यै नमः नैवेद्य समर्पयामि, मध्येपानीयम् समर्पयामि।

ऋतुफल- ऊं श्री महालक्ष्म्यै नमः ऋतुफल समर्पयामि।

ताम्बूल इत्यादि- ऊं श्री महालक्ष्म्यै नमः ताम्बूल वीटिकां समर्पयामि।

दक्षिणा- ऊं श्री महालक्ष्म्यै नमः द्रव्यदक्षिणां समर्पयामि।

अंत में प्रदक्षिणा कर निम्न प्रार्थना कर लक्ष्मी जी की आरती करें-

भवानीत्वं महालक्ष्मीः सर्वकामप्रदायनी।
सुपूजिता प्रसन्नास्थान्महालक्ष्म्यै नमोस्तुते।।

ऐसे करें दीपावली पूजन

दीपावली पूजन, को लक्ष्मी पूजन भी कहा जाता है, क्योंकि इन्हीं की पूजा से इस महा पर्व का आरंभ होता है तथा मां लक्ष्मी धन व समृद्धि की देवी हैं। सही विधि अनुसार यदि इनका पूजन किया जाए तो वह सुख एवं समृद्धि प्रदान करती हैं। तो आइये, जानते हैं मां लक्ष्मी की आराधना कर, उन्हें प्रसन्न करने की सही व विधिवत विधि।

- दीपावली पर्व पांच पर्वों से मिलकर बना है- धनतेरस, नरक चतुर्दशी, दीपावली, गोवर्धन पूजा तथा यम द्वितीया। पांचों दिन संध्या समय घर में कम से कम पांच दीपक (चार छोटे तथा एक बड़ा) अवश्य जलाएं। दीपक कभी सीधे भूमि पर न रखें, उसके नीचे आसन अवश्य दें। जैसे पहले थोड़े खील या चावल रखें फिर उस पर दीपक रखें।
- नरक चतुर्दशी को संध्या समय घर की पश्चिमी दिशा में खुले स्थान पर अथवा छत के पश्चिम में 14 दीपक पूर्वजों के नाम से जलाएं। उनके आशीर्वाद से समृद्धि प्राप्त होगी।

☛ लक्ष्मी पूजन विधि

- आचमन और प्राणायाम करके दाएं हाथ में जल, कुमकुम, अक्षत तथा पुष्प लेकर इस प्रकार संकल्प करें, आज परम मंगलकारी कार्तिक मास की अमावस्या को मैं (अपना नाम, उपनाम गोत्र बोलें) चिर लक्ष्मी की प्राप्ति नीतिपूर्वक अर्थ उपार्जन, सभी कष्टों को दूर करने की अभिलाषा की पूर्ति तथा आयुष्य-आरोग्य की वृद्धि के साथ राज्य, व्यापार, उद्योग आदि में लाभ के लिए गणपति, नवग्रह, महाकाली, महालक्ष्मी तथा महासरस्वती का श्रद्धा भाव से पूजन करता हूं।
- इसके बाद हाथ में ली हुई सामग्री धरती पर छोड़कर तिलक लगाएं तथा कलावा बांधें। अब गणपति भगवान का पूजन करें। उन्हें स्नान कराकर जनेऊ, वस्त्र, कलश, कुमकुम, केसर, अक्षत, पुष्प, गुलाल और अबीर चढ़ाकर गुड़ तथा लड्डू का नैवेद्य अर्पित करें। फिर निम्नोक्त मंत्र का उच्चारण करते हुए ध्यान करें।

ॐ गणपतेय नमः

एकदन्ताय विद्महे वक्रतुण्डाय धीमहि तन्नो दन्ती प्रचोदयात्॥

इसी प्रकार नवग्रह का ध्यान करें।

ब्रह्मामुरारिस्त्रिपुरान्तारी भानुः शशि भूमि सुतो बुधश्च।
गुरुश्च शुक्रः शनिराहु केतवः सर्वे ग्रहाः शान्ति करा भवन्तु॥

- अब महालक्ष्मी पूजन के लिए चांदी का सिक्का थाली में रखें। आवाहन के लिए अक्षत अर्पित करें, जल से तीन बार अर्घ्य दें और स्नान कराएं। फिर दूध, दही, घी, शक्कर तथा शहद से स्नान कराकर पुनः शुद्ध जल से स्नान कराएं। कलावा, केसर, कुमकुम, अक्षत, पुष्प माला, गुलाल, अबीर, मेहंदी, हल्दी, कमलगट्टे तथा मिष्ठान्न अर्पित करके एक सौ आठ बार एक-एक नाम बोलकर अक्षत चढ़ाएं।

ॐ अणिम्ने नमः। ॐ लघिम्ने नमः।
ॐ गरिम्ने नमः। ॐ प्रकाम्ये नमः।
ॐ प्राकाम्ये नमः। ॐ इशितायै नमः। ॐ वशितायै नमः।

- इसके बाद प्रसाद स्वरूप मिष्ठान्न वितरण करके पान, सुपारी, इलायची फल चढ़ाएं और प्रार्थना करें-

नमस्तेऽस्तु महामाये श्रीपीठे सुर पूजिते।
शंख, चक्र, गदा हस्ते महालक्ष्मी नमोऽस्तुते॥

- अपने घर, कार्यस्थल आदि में नित्य प्रयोग में आने वाले उपकरणों, बहीखाते, डायरी, कलम आदि में कलावा बांधें तथा उन्हें पुष्प, अक्षत और कुमकुम अर्पित करके ॐ महाकाल्यै नमः। मंत्र का उच्चारण करें। फिर अंत में आरती, पुष्पांजलि अर्पित करके अपने परिजनों को प्रणाम करें, उनका आशीर्वाद लें।
- दीपावली की रात पूजा के बाद घर के प्रत्येक कमरे में शंख बजाएं। इससे सकारात्मक ऊर्जा का प्रवाह होता है।
- दीपावली के दिन किसी गरीब सुहागिन स्त्री को सुहाग सामग्री दान दें। इससे मां लक्ष्मी प्रसन्न होती हैं।
- लक्ष्मी जी को घर में बनी खीर का भोग लगाएं, बाजार की मिठाई का नहीं।
- पूजन स्थल पर आम के पत्तों का बंदनवार लगाएं। बरगद के पांच तथा अशोक वृक्ष के तीन पत्ते भी लाएं। बरगद के पत्तों पर हल्दी मिश्रित दही से स्वास्तिक चिह्न बनाएं तथा अशोक के पत्तों पर श्री लिखें। पूजा में इन पत्तों को रखें। पूजा के बाद इन्हें धन रखने के स्थान पर रखें।
- पूजा में मां लक्ष्मी के चरणों में एक लाल तथा एक सफेद हकीक पत्थर रखें। दोनों के योग से चंद्र-मंगल लक्ष्मी योग बनता है। पूजा के बाद इन्हें अपने पर्स में रख लें।

- लक्ष्मी समुद्र से उत्पन्न हुई हैं और समुद्र से ही उत्पन्न दक्षिणावर्ती शंख, मोती शंख, कुबेर पात्र, गोमती चक्र आदि उनके सहोदर अर्थात् भाई-बंधु हैं। इनकी आपके घर में उपस्थिति हो तो लक्ष्मी जी प्रसन्न होकर आती हैं। अतः दीपावली पूजन में इन वस्तुओं में से जो भी संभव हो, उसे घर में रखें, लक्ष्मी की कृपा प्राप्त होगी।
- दीपावली की रात को पूजा के बाद लक्ष्मी जी की आरती न करें। श्रीसूक्त, लक्ष्मी सूक्त, पुरुष सूक्त आदि का पाठ कर सकते हैं, आरती नहीं। पूरी रात लक्ष्मी जी का आवाहन करना चाहिए। आरती का अर्थ है पूजन समाप्त, जो ठीक नहीं।
- दीपावली के दिन विष्णुसहस्त्रनाम, लक्ष्मीसूक्त आदि की कैसेट अवश्य चलाएं। इससे वातावरण लक्ष्मीमय हो जाता है।
- दीपावली के दिन तिजोरी में प्राण-प्रतिष्ठित कुबेर यंत्र रखें। ऐसा करने से धनागमन होता रहता है।
- दीपावली के दिन चांदी की एक डिब्बी में कोमिया सिंदूर भर लें और उसमें पीली कौड़ी, श्री यंत्र और कमल फूल का टुकड़ा डालकर बंद कर दें। लक्ष्मी पूजा के बाद अगले दिन डिब्बी को अपने घर, व्यावसायिक प्रतिष्ठान या दुकान में रखें, समृद्धि होगी।
- दीपावली की रात्रि लक्ष्मी पूजा के साथ एकाक्षी नारियल की पूजा करें और अगले दिन उसे पीले कपड़े में लपेटकर पूजा स्थान या धन स्थान में रखें।
- दीपावली की रात्रि अभिमंत्रित व्यापारवर्धक यंत्र को पंचामृत एवं शुद्ध नागकेसर अर्पित करें व मूंगे की माला से निम्न मंत्र का 21 माला जप करें- ॐ श्रीं सर्वविघ्न हरस्तस्मै गणाधिपतये नमः।
- हत्या जोड़ी एवं सियार सिंगी को दीपावली या नवरात्र में सिंदूर और लौंग के साथ चांदी की डिब्बी में रखें। इससे धन एवं शत्रु पर विजय प्राप्त होती है।
- दीपावली के दिन स्फटिक श्री यंत्र स्थापित करके 16 ऋचाओं वाले श्री सूक्त श्लोक का नियमित रूप से पाठ करें, समृद्धि मिलेगी।
- आर्थिक स्थिति में उन्नति के लिए दीपावली की रात सिंह लग्न में श्रीसूक्त का पाठ करें। श्रीसूक्त में पंद्रह ऋचाएं हैं। प्रत्येक श्रीसूक्त हैं। प्रत्येक ऋचा अति शक्तिशाली होती है। सिंह लग्न मध्य रात्रि में होता है। उस समय लाल वस्त्र धारण कर लाल आसन पर बैठ कर विष्णु-लक्ष्मी की तस्वीर के सामने शुद्ध घी का बड़ा दीपक जलाएं। श्रीसूक्त का 11 बार पाठ करें। फिर हवन कुंड में अग्नि प्रज्वलित करें और श्रीसूक्त की प्रत्येक ऋचा के साथ आहुति दें। तत्पश्चात् थोड़ा जल आसन के नीचे छिड़कें और उस जल को माथे पर लगाएं। बड़े दीपक को दोनों हाथों में लेकर अपने निवास स्थान के ऐसे स्थान पर आ जाएं जहां से आकाश दिखाई देता हो और मां लक्ष्मी से अपने घर की

समृद्धि के लिए प्रार्थना करें। फिर उस दीपक को लेकर पूरे घर में घूम जाएं और अंत में उसे पूजा स्थल में रख दें। इस प्रयोग से लक्ष्मी जी प्रसन्न होती हैं। इसके बाद प्रत्येक शुक्ल पक्ष की पंचमी को श्रीसूक्त से हवन करें।

- लक्ष्मी विष्णुप्रिया हैं। दीपावली पूजन के समय गणेश–लक्ष्मी के साथ विष्णु जी की स्थापना अनिवार्य है। लक्ष्मी जी की दाहिनी ओर विष्णु जी तथा बाईं ओर गणेश जी को रखना चाहिए।
- दीपावली के अवसर पर व्यावसायिक संस्थानों तथा घरों में हिजड़े इनाम लेने आते हैं। किसी हिजड़े को कुछ रुपए (11, 21, 31) अवश्य दें तथा एक सिक्का उससे लेकर अथवा उससे स्पर्श करवाकर अपने कैशबॉक्स में रख लें, धन निरंतर बढ़ता जाएगा।
- दीपावली के दिन पीपल का एक अखंडित पत्ता वृक्ष से प्रार्थना करके तोड़ लाएं और इसे पूजा अथवा किसी अन्य पवित्र स्थान पर रख दें। फिर प्रत्येक शनिवार को नया पत्ता तोड़कर उस स्थान पर रखें और पुराने पत्ते को पेड़ के नीचे रख आएं, घर में लक्ष्मी का स्थायी वास होगा।

ये सभी उपाय अनुभूत एवं प्रभावी है। कहा जाता है कि यदि दीपावली उचित ढंग से मनाई जाए तो वर्ष अच्छा बीतता है। अतः दीपावली के अवसर पर इन्हें अपनाकर लाभ उठाएं।

पूजा में पूजन सामग्री का महत्त्व

यूं तो पूजा मन की आस्था का भाव है, उसके लिए किसी सामग्री विशेष की नहीं श्रद्धा की जरूरत होती है, फिर भी व्यावहारिक तौर पर यदि किसी पूजा को पूर्ण, सही व संपन्न करने की बात कहें तो वह पूजा, बिना पूजन सामग्री के अधूरी कहलाती है। कौन सी हैं पूजन की वह सामग्रियां तथा क्या है उसका महत्त्व? आइए जानते हैं।

यूं तो पूजा चुपचाप, अकेले किसी कोने में बैठकर भी की जा सकती है उसके लिए ढोल-मंर्जरे या धूप-दीपक की आवश्यकता नहीं होती। यदि एक ओर यह बात सत्य है तो दूसरी ओर यह बात कि बिना पूजन सामग्री के पूजा अधूरी होती है यह भी उतनी ही सही है। पूजा में पूजन सामग्री कोई औपचारिक नहीं बल्कि भक्त का अपने प्रभु के प्रति प्रेम का भाव समर्पित करने का एक ढंग होता है, जिसमें पूजन की हर सामग्री का एक प्रतीकात्मक अर्थ होता है, उसका धार्मिक, आध्यात्मिक एवं मनोवैज्ञानिक आधार होता है।

पूजन की सभी सामग्री भक्त का अपना अहोभाव प्रकट करती है। जिस तरह हम अपने प्रेमी से जब मिलने जाते हैं तो उसके लिए तमाम तरह के उपहार जैसे- फल, फूल, मिष्ठान या कोई कपड़ा वस्तु आदि लेकर जाते हैं कि उसे अच्छा लगेगा, उसी तरह हम भगवान की पूजा अर्चना करते हैं तो न केवल हम उनको उपहार आदि चढ़ाते हैं बल्कि उनका साज-शृंगार भी करते हैं। जैसे- हम अपने प्रेमी को रिझाने व मनाने के लिए कभी नाचते तो कभी गाते हैं, वैसे ही हम प्रभु के समने पूजा के दौरान भजन, कीर्तन, ढोल-मंजीरे आदि से उन्हें मनाते व रिझाते हैं। उसी मस्ती में हम गाते-झूमते भी हैं, कभी उन्हें माला पहनाते हैं तो कभी शीश नवाते हैं।

इतना ही नहीं उसे सुस्वादु से सुस्वादु भोजन, मिठाई या प्रसाद का भोग भी लगाते हैं। प्रभु के प्रति भक्ति का यही भाव है जिसके कारण भक्त पूजा में प्रतीक के रूप में विभिन्न सामग्रियों का उपयोग करता है।

यूं तो हर देवी-देवता तथा त्योहार एवं अवसर अनुसार पूजा में सामग्री का कम ज्यादा या भिन्न होना हो सकता है, लेकिन सामग्री जो अमूमन हर पूजा में विशेष व जरूरी होती है वह

है- फल, फूल, दीप, धूप, कपूर, कलश, नारियल, सिंदूर, कुमकुम, चंदन, चावल, इन सभी सामग्रियों का पूजा में विशेष महत्त्व है।

☛ धूप अगरबत्ती

धूप एवं अगरबत्ती जहां एक ओर वातावरण को सुगंधित बनाती है वहीं उसकी गंध मन को एकाग्र करने का भी काम करती है। धूपबत्ती या अगरबत्ती का जलना स्वयं की कमियों एवं बुराइयों को जलाकर सुगंध यानी गुणों को उपलब्ध होने का प्रतीक भी है।

☛ कुमकुम-चंदन

एक ओर कुमकुम एवं चंदन से देवी-देवता का केवल तिलक किया जाता है बल्कि इस चंदन के तिलक द्वारा भक्त स्वयं को शीतल व शांत भी पाता है। चंदन में प्राकृतिक सुगंध और शीतलता प्रदान करने के गुण होते हैं जो घिसने के बाद ही प्रकट होते हैं। भक्त भी समर्पण के बाद ही निखरता व परिवर्तित होता है।

☛ फूल

फूल जितना कोमल होता है उतना ही सुगंधित भी, जितना सुंदर होता है उतना ही पावन भी। इसीलिए इसके द्वारा न केवल भगवान का शृंगार होता है, बल्कि इसे उनके गले एवं चरणों में भी चढ़ाया जाता है। फूल डाल से जुड़ा होकर भी खिलता और महकना नहीं छोड़ता। भक्त भी मोह-माया से जुड़ा होकर हर परिस्थिति में खिलने और महकने की कामना करता है।

☛ दीपक

दीपक केवल प्रकाश या रोशनी का ही नहीं ज्ञान का भी प्रतीक है। जिस तरह दीपक की रोशनी अंधकार को मिटाती है वैसे ही ज्ञान रूपी प्रकाश से अज्ञानता का अंधकार भी मिट जाता है। इतना ही नहीं दीपक की लौ सदा ऊपर उठती है जो सदा प्रयत्नशील होने एवं आगे बढ़ने की प्रेरणा देती है। भक्त भगवान के आगे प्रकाश कर अपने जीवन में प्रकाश की उम्मीद जगाता है। इतना ही नहीं बाती और तेल का संबंध आत्मा से परमात्मा के संबंध की ओर भी इशारा करता है।

☛ मिष्ठान

मिष्ठान किसी भी रूप में हो लड्डू-बर्फी या बूंदी-बताशे के, जिसे हम प्रेम करते हैं या जिसके प्रति हम कृतज्ञ होते हैं सदा उसको हम मीठा खिलाकर उसके प्रति अपना प्रेम व धन्यवाद प्रकट करते हैं। पूजा में मिठाई का होना इसी भावना को दर्शाता है। साथ ही भक्त कामना

करता है कि उसके जीवन में कर्म और कृत्यों में, वचन और वाणी में इसी तरह की मिठास का प्रादुर्भाव हो।

☛ कलश

कलश के विशिष्ट आकार के कारण उसके रिक्त स्थान में एक विशिष्ट एवं सूक्ष्म नाद पैदा होता है। इन सूक्ष्म नाद के कंपन से ब्रह्मांड का शिव तत्त्व कलश की ओर आकृष्ट होता है, जिससे भक्त को शिव तत्त्व का लाभ मिलता है। साथ ही यह भी माना जाता है कि इसके जल व तरंगों में सभी देवताओं का वास होता है। जिस तरह जल का स्वभाव निर्मल, कोमल, लचीला और ठंडा होता है वैसे ही गुणों की कामना भक्त अपने जीवन में करता है ताकि वह स्वयं को हर स्थिति परिस्थिति में कोमलता से ढाल ले।

☛ नारियल

नारियल ऊपर से जितना कठोर और काला होता है अंदर से वह उतना ही मुलायम व सफेद होता है। नारियल को पूजा में रखना एवं तोड़ना अपने अहंकार को त्यागने का परिचायक है। नारियल के बाल हों या खोल, गरी हो या पानी सभी का उपयोग होता है, जिसमें कई औषधीय गुण भी छिपे होते हैं।

☛ जल

पूजा में जल का विशेष महत्त्व है। यूं तो पूजा में गंगा, गोदावरी, यमुना, सिंधु, सरस्वती, कावेरी एवं नर्मदा सात नदियों के पानी को मिलाकर कलश के द्वारा देवताओं की मूर्तियों का अभिषेक करने का चलन है, जिसका उद्देश्य न केवल मूर्तियों को स्नान कराना है बल्कि उन देवताओं एवं योगियों का आशीर्वाद पाना भी है, जिन्होंने इन पावन नदियों के तटों पर तपस्या भी की थी।

☛ सुपारी व पान

पूजन सामग्री में सुपारी का भी विशेष स्थान है। जल में सुपारी डालने से सुपारी द्वारा उत्पन्न तरंगों द्वारा जल सत्व-रजोगुणी बनता है। इससे देवता के सगुण तत्त्व को ग्रहण करने की जल की क्षमता बढ़ती है। पान की बेल को नागबेल भी कहते हैं। नागबेल को भूलोक व ब्रह्मलोक को जोड़ने वाली कड़ी माना जाता है। इसमें भूमि तरंगों और ब्रह्म तरंगों को आकृष्ट करने की क्षमता होती है। नागबेल अत्यधिक सात्विक होती है। देवता की मूर्ति से उत्पन्न सकारात्मक ऊर्जा पान के डंठल द्वारा ग्रहण की जाती है।

☛ तुलसी

पूजन की थाल में तुलसी का बड़ा महत्त्व है। अध्यात्म व आयुर्वेद में तुलसी का महत्त्व सबको मालूम है। अन्य वनस्पतियों की तुलना में तुलसी में वातावरण को शुद्ध करने की क्षमता अधिक होती है। कलश में रखे जल को तुलसी में डालने से तुलसी जल के साथ देवता के तत्त्व को भी सोख लेती है। तुलसी अपनी सात्विकता के साथ देवता के चैतन्य को भी वातावरण में भेजती है।

☛ हल्दी-कुमकुम

हल्दी धरती के नीचे उगती है, इसलिए धरती पर उगने वाली वस्तुओं की अपेक्षा हल्दी में भूमि तरंगों का प्रमाण बहुत अधिक होता है। कुमकुम हल्दी से ही बनाया जाता है। देवता को हल्दी-कुमकुम चढ़ाने से सकारात्मक ऊर्जा के साथ हल्दी-कुमकुम में विद्यमान भूमि तरंगों का लाभ भक्त को मिलता है, जिससे भक्त की सात्विकता में वृद्धि होती है।

☛ अक्षत और रोली

अक्षत में श्री गणेश, श्री दुर्गा देवी, श्री शिव, श्री राम, श्री कृष्ण के तत्त्वों की तरंगों को आकृष्ट करने, जागृत करने तथा कार्यरत करने की क्षमता होती है। इसलिए पूजा विधि में देवता की मूर्ति पर अक्षत छिड़ककर सब में विद्यमान देवत्व को जागृत कर उनका कार्य की सिद्धि के लिए आह्वान करते हैं।

पूजन में उपयोग होने वाले प्रतीक चिह्न

दीपावली पर बहुत सारे प्रतीकों का हम प्रयोग करते हैं। इन प्रतीकों का दीपावली पर विशेष महत्त्व है। क्या है वो महत्त्व? आइए जानते हैं।

दीपावली के शुभागमन से तो जैसे संपूर्ण वातावरण अपने आप ही जगमगा उठता है। हर्षोल्लास से भरे इस त्योहार को जोर-शोर से मनाने को भी खुद-ब-खुद मन मचल उठता है। हफ्तों पहले से ही हम लोगों के मन मस्तिष्क में लक्ष्मी-गणेश, कमल, स्वास्तिक, ओम, दीया, कलश-पल्लव, शुभ-लाभ इत्यादि की छवियां उभरने लगती है। क्या संबंध है इन चिह्नों का दीपावली व दीपावली पूजन से? यदि हम यह जान जाएं तो पूजा का लाभ दुगुना मिलेगा।

☛ लक्ष्मी और गणेश

यह जगत प्रसिद्ध है कि धन-समृद्धि की देवी लक्ष्मी तथा शांति के देवता गणेश हैं। साथ-ही-साथ जहां शांति होती है वहां धन की देवी लक्ष्मी अवश्य वास करती हैं, लेकिन फिर भी दीपावली की रात को लक्ष्मी-गणेश की उपासना कर शांति और धन-वैभव दोनों को आमंत्रित किया जाता है। इस तरह लाल कपड़े में लिपटी लक्ष्मी का अर्थ ऐसी देवी के आह्वान से है जो दानी, साहसी, रक्षा करने वाली और बुराइयों को नाश करने वाली है।

☛ कमल

कमल तो लक्ष्मी जी का प्रिय पुष्प है। इस तरह लक्ष्मी जी की प्रसन्नता प्राप्त करने के लिए इन्हें कमल पुष्प अवश्य चढ़ानी चाहिए। साथ ही साथ कमल इसका प्रतिनिधित्व भी करता है कि जिस तरह वह कीचड़ में खिलकर भी सबको अपनी ओर आकर्षित करता है, वैसे ही हम लोग भी अपने सुकर्मों से सबको अपनी ओर आकर्षित करें अर्थात भावी पीढ़ी के लिए प्रेरणास्रोत बनें।

☛ स्वास्तिक

'स्वास्ति का अर्थ' है क्षेम, शुभ, मंगल तथा कल्याण और 'क' का अर्थ है करने वाला। इस प्रकार स्वास्तिक का अर्थ है– कल्याण करने वाला। देवताओं के चारों ओर घूमने वाले आभामण्डल का चिह्न ही स्वास्तिक होने के कारण स्वास्तिक देवताओं का प्रतीक है, इसलिए समस्त शास्त्रों में स्वास्तिक को शुभता और सकारात्मक ऊर्जा प्रदायक बताया गया है। ऐसा कोई भी मांगलिक कार्य नहीं है जो स्वास्तिक की रचना के बिना पूर्ण होता हो। सभी त्योहार, व्रत, पर्व, पूजा एवं हर मांगलिक अवसर पर सामान्यतया रोली, सिन्दूर या कुमकुम का प्रयोग होता है। यह परम शुभता का प्रतीक अनादिकाल से विद्यमान होकर संपूर्ण सृष्टि में व्याप्त है। सभ्यता और संस्कृति के पुरातन लेख केवल हमारे वेद और पुराण ही हैं और हमारे ऋषि–मुनियों ने उनमें स्वास्तिक का भान प्रस्तुत किया है। पुण्याहवाचन तथा स्वास्तिवाचन में आशीर्वाद मंत्र इस प्रकार है।

ऊं आयुष्मते स्वस्ति, ऊं आयुष्मते स्वस्ति, ऊं आयुष्मते स्वस्ति।
ऊं स्वस्ति न इन्द्रो वृद्धक्षभाः स्वस्तिनः पूषा विश्ववेदाः।
स्वस्ति नस्ताक्ष्यो अरिष्टनेमिः स्वस्ति नो बृहस्पतिर्दधातु।।

स्वास्तिक की चार भुजाओं में विद्यमान प्रतीक रूप चार देवताओं से मानव–कल्याण हेतु इस प्रकार प्रार्थना की जाती है।

सब ओर विद्यमान सुयश वाले इन्द्र, संपूर्ण विश्व का ज्ञान रखने वाले पूषा, अरिष्टों को मिटाने हेतु चक्र के समान शक्तिशाली वरुण एवं बुद्धि के स्वामी बृहस्पति जनमानस के कल्याण की वृद्धि करें। इस स्वास्तिक से 100000 सकारात्मक ऊर्जा की प्राप्ति होती है।

☛ ओम

ओम का हिन्दू धर्म में बड़ा महत्त्व है। यह प्रतीक ब्रह्म, जो हर जगह, हर समय उपस्थित और जीवन का प्रमाण है, को अभिव्यक्त करने वाला पवित्र शब्दांश है। 'ऊं' आत्मिक बल देता है। इसके उच्चारण से जीवनशक्ति ऊर्ध्वगामी होती है। इसके सात बार के उच्चारण से शरीर के रोग के कीटाणु दूर होने लगते हैं एवं चित्त से हताशा निराशा भी दूर होती है। यही कारण है कि ऋषि–मुनियों ने सभी मंत्रों के आगे 'ऊं' जोड़ा है। जैसे– ऊं नमः शिवाय, ऊं गणेशाय नमः, ऊं नमो भगवते वासुदेवाय, ऊं भूर्भुवः स्व...

इस तरह यह सकारात्मक ऊर्जा प्रदायक 'ऊं' हिन्दू, इस्लाम तथा सिख धर्म में विद्यमान होने के साथ–साथ हम लोगों के जन्म से भी जुड़ा है अर्थात् जन्म लेते ही सर्वप्रथम को ऊंवां...ऊंवां...ऊंवां करता है। इस तरह अकार, उकार और मकार युक्त ऊं ही समस्त शब्दों की बुनियाद है।

☛ दीया

दीया प्रकाश का प्रतीक है। दीया के सच की अनुभूति को पाए बिना जीवन के अवसाद और अंधेरे को सदा सर्वदा के लिए दूर कर पाना कठिन ही नहीं, नामुमकिन भी है। दीये का सच उसके स्वरूप में है। दीया भले ही मरणशील मिट्टी का है, परन्तु ज्योति अमृतमय आकाश की है। जो धरती का है, वह धरती पर ठहरा है, लेकिन ज्योति तो निरंतर आकाश की ओर भागी जा रही है। ठीक दीये की ही भांति मनुष्य की देह भी मिट्टी ही है, किंतु उसकी आत्मा मिट्टी की नहीं है। वह तो इस मिट्टी के दीये में जलने वाली अमृत ज्योति है। हालांकि अहंकार के कारण वह इस मिट्टी की देह से ऊपर नहीं उठ पाती है। आत्मा की ज्योति जलते ही हम लोगों में स्नेह, सौहार्द, ममत्व, इंसानियत जागृत होगी और अपना-पराया, ऊंच नीच का भेद-भाव समाप्त हो जायेगा।

☛ कलश-पल्लव

पुराण कुंभ कहा जाने वाला पानी से भरा और आम की पत्तियों से ढंका मिट्टी का घड़ा, उसके ऊपर अनाज से भरा ढंकना और उसके ऊपर रखा नारियल को पूजा शुरू करने से पूर्व आमतौर पर मुख्य देवी-देवता के निकट स्थान दिया जाता है। इन सबके पीछे ऐसी मान्यता है कि हरे रंग का आम्र पल्लव मन की शांति, प्रसन्नता और स्थिरता का प्रतीक है तो पानी से भरा मिट्टी का कलश और अनाज से भरा ढंकना, धन-वैभव और अनाज का।

☛ श्री, शुभ-लाभ, फल और पत्तियां

इस तरह दीपावलो में श्री, शुभ-लाभ और फल-पत्तियों का भी बड़ा महत्त्व है। श्री और शुभ-लाभ तथा रिद्धि-सिद्धि भी लक्ष्मी सूचक शब्द है। इसी तरह नारियल, पान, सुपारी, कसैली, दही, नारियल इत्यादि का भी लक्ष्मी पूजा के अंतर्गत विशेष महत्त्व है। तभी तो इनके बिना लक्ष्मी-पूजा की कल्पना भी नहीं की जा सकती है जहां तक नैवेद्य या प्रसाद का प्रश्न है तो इसके लिए पका केला और लड्डू तथा खील-बताशा को विशेष मान्यता प्राप्त है।

●

क्यों बनाते हैं हम स्वास्तिक और कलश ?

हिन्दू धर्म में स्वास्तिक एवं कलश का प्रयोग प्रत्येक शुभ कार्य में किया जाता है परंतु दीपावली पर, विशेष रूप से दीपावली पूजन में इन चिह्नों का मुख्य स्थान होता है। किस बात के प्रतीक हैं यह चिह्न तथा क्या है इनका महत्त्व? आइए जानते हैं।

हिन्दू धर्म और संस्कृति में अनेक चिह्नों को शुभ माना जाता है। स्वास्तिक भी ऐसा ही एक मंगल प्रतीक है। स्वास्तिक का अर्थ है सुख और आनन्द देने वाला चतुष्पथ चौराहा। स्वास्तिक के प्रति इतनी गहरी श्रद्धा बस चुकी है कि इसके बिना कोई भी शुभ कार्य पूर्ण नहीं माना जाता। स्वास्तिक को बोलचाल की भाषा में सतिया भी कहा जाता है। कोई भी शुभ कार्य हो उसमें स्वास्तिक चिह्न अवश्य बनाया जाता है। स्वास्तिक को गामाडियम भी कहते हैं। चार गामा समकोण पर एक दूसरे को मिला दिए जाएं, तो स्वास्तिक बन जाता है। इसलिए स्वास्तिक का नाम गामाडियम पड़ा। स्वास्तिक का सूर्य से गहरा संबंध है। हिन्दू धर्म में नये मकान का प्रवेश हो या किसी दुकान का प्रारम्भ उसके द्वार पर दोनों और स्वास्तिक चिह्न बनाना कोई नहीं भूलता। मुख्य द्वार के दोनों ओर स्वास्तिक चिह्न होने से यह माना जाता है कि अशुभ शक्तियां अन्दर प्रवेश नहीं करतीं।

स्वास्तिक को सुख, वैभव, लक्ष्मी, यश, कीर्ति और आनन्द का प्रतीक देवता समझकर प्रत्येक शुभ मांगलिक कार्य में प्रथम और प्रमुख स्थान दिया जाता है। वेदों में भी स्वास्तिक का विवरण मिलता है। विभिन्न धर्मावलम्बियों जैसे- बौद्ध, जैन, सिख, पारसी, वाममार्गी और दक्षिणमार्गी सभी लोगों ने स्वास्तिक को आदर सम्मान से पूजा है। स्वास्तिक को इच्छाओं को पूर्ण करने वाला और सर्व मांगलिक चिह्न माना जाता है।

इस चिह्न पर देश-विदेश के सभी शोधकों तथा मनीषियों ने गहन विचार किया है और इसके मूल तत्त्व और गूढ़ रहस्य तक पहुंचने का अथक प्रयास कर अपने-अपने मत व्यक्त किए हैं।

यह चिह्न केव्ल रेखाचित्र, मकानों को सुसज्जित करने के निमित्त या चली आने वाली परम्परा तथा अर्थहीन वस्तु ही नहीं है, बल्कि गूढ़ रहस्यमय तत्त्वयुक्त बुद्धि का चमत्कार है। इसका वैज्ञानिक आधार है, जो समस्त ब्रह्मांड की सुख सम्पदाओं का प्रतिनिधित्व करता है। यही कारण है कि हजारों वर्ष बीत जाने पर भी स्वास्तिक के रहस्य और अर्थ को न समझने पर भी हिन्दुओं में यह चिह्न सुख शांति प्रदाता, मंगलप्रद और कल्याणकारी माना गया है।

प्राचीन काल से लेकर अब तक हमारे देश में अनेक धर्मों की महक उत्पन्न हुई। उन सभी में स्वास्तिक का अक्षुण रहना उसकी महत्ता का द्योतक है। बुद्ध भगवान की एड़ियों और अंगुलियों में स्वास्तिक के चिह्न होने से यह उनका परम आराध्य और आदरणीय है। भारत ही नहीं अपितु विदेशों में भी स्वास्तिक लोकप्रिय है और उसे आदर सम्मान की दृष्टि से देखा जाता है। बर्मा और चीन में स्वास्तिक का आदर है, जो भारत में है। वहां ग्रंथ, चित्रों, मकानों तथा वस्त्रों पर भी इसे ससम्मान स्थान मिलता है, यहां तक कि शरीर के भागों जैसे भुजा, कलाई आदि पर भी इसे गोदा जाता है। जापान में तो हजारों वर्ष पहले से इसका प्रयोग होता आ रहा है। कोरिया में इसका प्रचलन है।

स्वास्तिक का चिह्न हजारों वर्षों से पवित्र वस्तुओं पर अंकित होता आया है। मंदिरों, मूर्तियों और ध्वजा पताकाओं में यह अंकित है। प्राचीन देव मंदिरों और शिलालेखों में इसे देखा जा सकता है। मूर्तियों के सिंहासनों पर वेदों और पेठिका पर इसके चित्र मिलते हैं। विक्रमादित्य के राजध्वज पर लाल रंग से अंकित स्वास्तिक का बृहद चिह्न ध्वज के मध्य में रहता है।

स्वास्तिक की दिशा प्रदर्शक रेखाओं के अंत से छोटी-छोटी रेखाएं खींची जाती हैं। वे कभी-कभी उल्टी दिशा में भूल से बना दी जाती हैं। पृथ्वी का परिभ्रमण पश्चिम से पूर्व की ओर है इसलिए स्वास्तिक की रेखाएं भी पश्चिम से पूर्व की ओर अर्थात् स्वास्तिक बनाने वाले के बाईं से दाईं ओर खींची जानी चाहिए।

स्वास्तिक की भुजाओं की उत्पत्ति के लिए कहा जाता है कि आकाशत्य देवता, गोल चार देवता और भूगोल के दिग्पात देवताओं द्वारा आनन्द ऐश्वर्य, समृद्धि, वृद्धि, रिद्धि, क्षेम, कल्याण, मंगल आदि शुभ कार्यों का प्रतीक यह चिह्न है।

स्वास्तिक आर्यों का पवित्र, शुभ और सौभाग्य चिह्न है, यह निर्विवाद है, जिसमें ब्रह्मांड के समस्त देवों का प्रतिनिधित्व निहित माना जाता है।

☛ स्वास्तिक के प्रयोग

1. घर के मुख्य द्वार के दोनों ओर स्वास्तिक चिह्न बनाने से घर में सुख शांति और समृद्धि आती है। अकारण ही परेशानियां उत्पन्न नहीं होतीं। दीवारों पर स्वास्तिक चिह्न बनाने के लिए हनुमान जी पर चढ़ाया जाने वाला सिन्दूर गाय के घी में मिलाकर मध्यमा अंगुली से बनाना चाहिए।

2. किसी भी नये वाहन या मशीनी उपकरण के प्रयोग का श्रीगणेश करने से पूर्व उसका पूजन करके उस पर स्वास्तिक चिह्न बनाया जाना शुभ होता है।
3. विभिन्न धार्मिक, मांगलिक उत्सवों में घर की भूमि पर अल्पना और रंगोली सजाते समय उसमें स्वास्तिक का चिह्न अवश्य बनाना चाहिए।
4. घर के मुख्य द्वार के दोनों ओर पिसी हुई हल्दी से स्वास्तिक बनाने से घर पर तांत्रिक आक्रमणों का प्रभाव नहीं होता है तथा उस द्वार पर किए जाने वाले टोने टोटकें भी निष्प्रभावी रहते हैं।
5. स्वास्तिक को दाहिने हाथ से ही बनाना चाहिए।

☛ कलश

कलश पूजन की परंपरा भारत में अति प्राचीन है। सांची, अयोध्या, हड़प्पा, अमरावती, आयड़, बागौर, नालंदा एवं चन्द्रावती आदि अनेक स्थानों के शिल्प में तथा प्राचीनकाल के भारतीय सिक्कों एवं मोहरों पर तथा वेदिका पर स्थापित और कमल पुष्प तथा पतों से सुशोभित कलश का अंकन पाया जाता है। मौर्यकाल के पक्की मिट्टी के फलकों तथा सिन्धु घाटी की खुदाई में कलश–उत्कीर्ण मिलता है। ऐसे मिट्टी के घर भी मिले हैं जिन पर कमल चित्रित है। प्राचीन काल में कलश में जलभर कर उसका उपयोग पूर्ण कुम्भ पूजन के रूप में किया जाता था। समुद्र मंथन के पश्चात अमृतघट हरिद्वार, प्रयाग, नासिक तथा अवन्तिका (उज्जैन) में असुरों से बचाव के लिए रखा गया था। उसी स्मृति को बनाए रखने के लिए इन तीर्थ स्थानों पर बारह वर्ष एवं तीन वर्ष के अंतराल पर पूर्ण कुम्भ एवं अर्द्ध कुम्भ का मेला लगता है। इस मेले में लाखों श्रद्धालुओं के अतिरिक्त सिद्धयोगियों एवं साधु संतों का भी समागम होता है।

हमारे देश में कलश पर स्वास्तिक अंकित करके उसमें पानी भरा जाता है। कलश के मुख भाग पर पीपल, बड़, आम, कटहल तथा मौल श्री इन पांच वृक्षों में किसी की पत्तियां लगाकर ऊपर चावल भरा कटोरा और उसके ऊपर एक नारियल रखा जाता है। कलश को सौभाग्य और सफलता का प्रदाता माना जाता है। स्कन्ध पुराण में गृहद्वार पर पूर्ण कुम्भ रखने का वर्णन है।

वाराह पुराण के अनुसार, जिस गृह में कलश–पूजन होता है वहां लक्ष्मीजी स्थायी रूप से रहती है। लक्ष्मीजी का प्रादुर्भाव ही अमृत घट के साथ समुद्र–मंथन के दौरान हुआ था। कूर्म एवं मत्स्य पुराण में भी पूर्ण कुम्भ की पूजा का प्रसंग है। दक्षिण भारत में विवाह आदि संस्कारों में वरुण पूजा के साथ कलश–पूजन की भी परम्परा है। संपूर्ण भारत में हर मांगलिक शुभ अवसर पर कलश पूजन की परम्परा है।

समुद्रों के अधिपति वरुण के साथ पूर्ण–कुम्भ का संबंध शायद इस आधार पर जोड़ा गया है कि समुद्र से अनेक निधियां प्राप्त होती हैं।

ऋग्वेद में भी एक स्थान पर कलश-पूजन का उल्लेख है। इसका संबंध इन्द्र से माना गया है। एक स्थान पर लिखा है।

यजमान का कलश छलछला रहा है मानों समृद्धिप्रद शक्ति से भर दिया हो, इस तरह मैंने यह सोम रस भी भर दिया है जिसको आप सब पी कर तृप्त हो सके।

एक सूक्त में सोने के कलश का उल्लेख है।

यजुर्वेद संहिता में कलश के साथ कमल-पुष्प का भी उल्लेख है। अथर्ववेद में मधुपूरित कलश और दुग्धपूरित कलश का वर्णन है। एक प्रसंग में स्त्रियों को यज्ञ की सफलता के लिए पूर्ण कुम्भ को यज्ञशाला में लाने के लिए आदेशित किया गया है। जलपूरित पात्र का हमारी संस्कृति में विशेष महत्त्व है। इसे सामान्यतः मंगलकारी माना गया है।

जल पूरित पात्र के लिए 'चुल्लवग्ग' पाली ग्रंथ में 'घटकटाह' शब्द प्रयुक्त हुआ है। प्राकृत भाषा के ग्रंथों में 'पुन्नघट' शब्द बहुत मिलता है।

पाणिनी ने घट का अर्थ पात्र लिया। मनुस्मृति एवं याज्ञवल्क्य स्मृति में हमें घट का अर्थ जलपात्र के रूप में मिलता है। परन्तु कुम्भ शब्द प्राचीनतम है। तमिल महाकाव्य 'मणिमेरवले' में भी पूर्णतः जलपूर्ण पात्र का ही उल्लेख मिलता है। उसमें एक स्थान पर लिखा है- विशाल नगर राजमार्गों को सजाओ। अंकुर युक्त कुम्भ पात्र और मनोहारी प्रतिमा में यथा स्थान रखो। कुंभ पात्र के बाहर फूल-पत्तियां चित्रित करो आदि-आदि।

बौद्ध धर्म में भी भगवान बुद्ध की पूजा में कमल पुष्प युक्त पूर्ण कुंभ का उपयोग होता था। पुष्प पत्तों से सुशोभित जीवनदायी जल से पूर्ण कुम्भ की तरह सुविकसित भरे-पूरे जीवन का दार्शनिक विचार वैदिक साहित्य में विद्यमान था। यह सदैव से भारतीय जन मानस को प्रभावित करता आया है।

सिन्धु घाटी की खुदाई से प्राप्त मोहर पर कमल युक्त कुम्भ चित्रित है। फूल-पत्तों से सुशोभित सीधा-सादा घट जो सामान्य जन की कल्पना में वैभव एवं लक्ष्मी का प्रतीक था। कालान्तर में एक अत्यन्त कला-संस्कृति का अंग बन गया। इसका उपयोग चौखटों, दरवाजों, स्तम्भ, शीर्षो, मंदिरों तथा स्तूपों के शिखरों की श्रीवृद्धि में होने लगा। इस प्रकार स्पष्ट है कि कलश-पूजन भारतीय संस्कृति का प्रतीक एक अभिन्न अंग है।

क्यों लिखते हैं हम शुभ-लाभ?

दीपावली पूजन के दौरान, घर की तिजोरी हो या मुख्य द्वार, मंदिर हो या कार्ड-उपहार, सब पर हम हल्दी-चंदन या कुमकुम से 'शुभ-लाभ' लिखते हैं, क्यों, क्या महत्त्व है इसका? आइए जानते हैं।

शुभ-लाभ का शाब्दिक अर्थ वही है जो आप समझते हैं। किन्तु दो बातें आपको सोचनी होगी। पहली यह कि सभी देवताओं से हम अपने शुभ-लाभ की प्रार्थना करते हैं, परंतु उनके साथ या उनके नाम के आगे-पीछे शुभ-लाभ क्यों नहीं लिखते। यहां तक कि लक्ष्मी जी जो ऐश्वर्य की ही देवी मानी जाती हैं उनके नाम के साथ शुभ-लाभ नहीं जोड़ते। अत: गणेश जी के साथ शुभ-लाभ जोड़ने का विशेष कारण अवश्य होना चाहिए।

दूसरी बात यह है कि प्रत्येक देवाधिदेव के साथ में उनकी शक्ति, प्रिया अथवा भार्या यानी पत्नी का नाम उनके नामों के पूर्व या बाद में जोड़ते हैं। लेकिन पार्वती नंदन श्री गणेश जी की एक नहीं दो पत्नियां हैं। ब्राह्मण या पुरोहित गणपति पूजन कराते समय प्राय: उच्चारण करते हैं, रिद्धि सिद्धि सहिताय महागणाधिपतये नमः। किंतु उनमें से शायद ही कोई जानता हो, कि उक्त कथन का वास्तविक अर्थ क्या है। आप पूछेंगे तो बता देंगे कि रिद्धि तथा सिद्धि को प्रदान करने वाले महागणेश को नमस्कार करता हूं। यह पूर्ण अर्थ नहीं है और न हो सकता है।

वास्तव में श्रीगणेश जी की दो पत्नियां हैं और उनमें से एक का नाम रिद्धि और दूसरी का नाम सिद्धि है। इसीलिए रिद्धि सिद्धि सहिता श्रीमन महागणाधिपतये नमः कहा जाता है। परम पूज्या रिद्धि-सिद्धि सहित श्रीमान्य महागणों के स्वामी विनायक या गणेश जी को नमस्कार है। अब तक आपने नहीं जाना तो अब आप जान लें कि श्रीगणेश जी की दो पत्नियां हैं और दोनों सगी बहनें हैं। उनमें से एक का नाम रिद्धि और दूसरी का नाम सिद्धि है।

अब शुभ-लाभ शब्दों को केवल गणेश जी के नाम के साथ ही क्यों प्रयुक्त किया जाता है यह भी समझ लें।

श्री गणेश जी की दो पत्नियां हैं तो उनके दो पुत्र भी हैं। एक का नाम क्षेम है और दूसरे का नाम लाभ है। क्षेम का ही नाम शुभ हुआ। वैसे भी क्षेम का अर्थ कुशलता, रक्षा करना,

रक्षा होना, शुभत्व है। वहीं गणेश जी के एक पुत्र क्षेम ही शुभ हैं और एक पुत्र लाभ हैं। कहीं-कहीं क्षेम-लाभ या लाभ-क्षेम शब्दों का भी प्रयोग हुआ है।

सारांश में शिव पुराण में वर्णित कथा के अनुसार जब गणेश जी को विवाह करने की इच्छा हुई और उनके माता-पिता पार्वती-शंकर जी ने इस विषय पर गंभीरता से विचार किया तो प्रजापति विश्वरूप ने अपनी दिव्यस्वरूपा, सर्वांग शोभना रिद्धि तथा सिद्धि नामक दोनों कन्याओं से श्रीगणेश जी का विवाह कर दिया। गणेश जी की उन दोनों पत्नियों से एक-एक दिव्य पुत्र हुए। उनमें से सिद्धि नामक पत्नी से क्षेम पुत्र पैदा हुआ और रिद्धि नामक पत्नी से लाभ पुत्र पैदा हुआ। ये दोनों पुत्र अत्यंत योग्य एवं सर्वसुख प्रदान करने वाले हुए।

शुभ-लाभ या क्षेम-लाभ नामक इन बालकों को महाशक्तिस्वरूपा पार्वती जी का तथा देवाधिदेव महादेव शंकर का प्रेम स्नेह एवं आशीर्वाद तो प्राप्त था ही, साथ ही अपनी दोनों माताओं रिद्धि तथा सिद्धि का रूप सौंदर्य तथा गुण भी प्राप्त हुआ। पिता श्री गणेश रुद्रगणों मे गणाध्यक्ष थे और अत्यंत पराक्रमी थे, अतः उनको शक्ति पराक्रम वीरत्व भी प्राप्त होना स्वाभाविक था। अतः ये दोनों क्षेम तथा लाभ नामक गणेश के पुत्र उन्हें परमप्रिय हैं।

यही कारण है कि रिद्धि-सिद्धि, सहिताय महागणाधिपतये नमः के साथ प्रत्येक शुभ अवसर पर दुकानों, तिजोरियों, बही-खातों आदि में शुभ-लाभ लिखा जाता है। इस प्रकार उपरोक्त विवरण से आप समझ सकते हैं कि शुभ-लाभ का अर्थ क्या होता है और इसका हमारे धर्म में कितना अधिक महत्त्व है।

श्री यंत्र की पूजा का उचित अवसर है, दीपावली

हमारे देश में अनेक प्रकार के यंत्र प्रचलित हैं, जिनसे हम देवी-देवताओं को प्रसन्न करने का प्रयास करते हैं। इनमें श्रीयंत्र सर्वोपरि एवं सर्वाधिक महत्त्वपूर्ण है। श्रीयन्त्र को धनदाता और सर्वसिद्धदाता कहा गया है। इसकी पूजा से धन की देवी महालक्ष्मी भी प्रसन्न होती हैं। इसके पूजन से जीवन के सभी कष्ट दूर होते हैं।

यूं तो इसका पूजन सर्वदा लाभ देता है परंतु दीपावली पर इसके पूजन से विशेष व शीघ्र फल मिलते हैं।

श्री का अर्थ है धन तथा यंत्र का अर्थ है साधन, अर्थात श्री यन्त्र धन प्राप्त करने का साधन है। ये धन की देवी मां लक्ष्मी का यंत्र है। कहते हैं कि जहां श्रीयंत्र की स्थापना होती है वहां मां लक्ष्मी आने के लिए विवश हो जाती हैं। एक पौराणिक कथा के अनुसार, एक बार लक्ष्मी मां नाराज होकर बैकुंठ चली गईं। उनके बिना धरती पर त्राहि-त्राहि मच गई। तब देवगुरु बृहस्पति ने लक्ष्मीजी को आकर्षित करने के लिए 'श्रीयंत्र' स्थापना और पूजन का उपाय सुझाया। फिर मां लक्ष्मी को धरती पर आने के लिए विवश होना पड़ा।

इसकी पूजा करने से सुखों की प्राप्ति होती है। इसकी साधना उपासना से लक्ष्मी की प्राप्ति, शत्रुओं का शमन और मनोकामनाओं की पूर्ति होती है।

दीपावली पर लक्ष्मी पूजा में श्रीयंत्र रखने की परंपरा है। श्रीयंत्र को महामेरु श्रीयंत्र भी कहा जाता है। श्रीयंत्र महालक्ष्मी का साक्षात् स्वरूप है। इसकी स्थापना और पूजा से घर में सुख-समृद्धि बढ़ती है। कहते हैं जब सृष्टि में कुछ भी नहीं था, तब मां श्री विद्या के विचार से एक मेरु उत्पन्न हुआ। वही मेरु श्रीयंत्र कहलाया। इसमें ब्रह्मा, विष्णु, महेश सहित सभी देवियों का वास है।

☛ लक्ष्मी को आकर्षित करने वाला

श्रीयंत्र लक्ष्मी को आकर्षित करने वाला शक्तिशाली यंत्र है। पूजा-पाठ एवं नियमित मंत्र साधना द्वारा श्रीयंत्र को क्रियाशील बनाया जा सकता है। श्रीयंत्र को ज्यादा शक्तिशाली बनाने के लिए नवरात्रों, शिवरात्रि, होली, दीपावली जैसे समय में मंत्रों द्वारा इसे अभिमंत्रित एवं ऊर्जावान बनाया जा सकता है।

महालक्ष्मी की कृपा प्राप्ति के लिए श्रीयंत्र की पूजा प्रभावशाली होती है। इस यंत्र की पूजा करने से समृद्धि एवं ऐश्वर्य की प्राप्ति होती है। श्रीयंत्र चांदी, सोना या तांबे पर बनवाना उत्तम होता है। इस यंत्र को भोजपत्र पर भी बनवा सकते हैं। शुभ मुहूर्त में यंत्र का निर्माण गुरु या रवि पुष्य योग या नवरात्र, दीपावली में किया जाए तो शुभ फलदायक होता है। श्रीयंत्र को घर, ऑफिस में बने पूजा स्थान पर रख सकते हैं तथा प्रतिदिन इसके सम्मुख धूप, दीप एवं मंत्र जाप करने से समृद्धि, वैभव, सौभाग्य की प्राप्ति होती है।

☛ श्रीयंत्र के प्रकार

पारद श्रीयंत्र - सिद्धि व लक्ष्मी प्राप्ति के लिए रखा जाता है।
मेरु पृष्ठ अष्टधातु श्रीयंत्र - परिवार, सुख और धन पाने के लिए शुभ माना गया है।
स्फटिक श्रीयंत्र - शांति, विद्या व समृद्धि के लिए रखते हैं।
स्वर्ण श्रीयंत्र - व्यवसाय के लिए रखा जाता है।
पिरामिड श्रीयंत्र - धन, ध्यान व स्वास्थ्य के लिए।
तांबे का श्रीयंत्र - धन और समृद्धि के लिए रखते हैं।
रजत पत्र पर बना श्रीयंत्र - धन, सुख और दान करने के लिए शुभ होता है।

☛ श्री यन्त्र की पूजन विधि

1. लक्ष्मी पूजा के समय एक लाल कपड़ा बिछाकर उस पर महामेरु श्रीयंत्र रखें।
2. यंत्र के एक तरफ जल का कलश रखें और उस पर श्री यानी लक्ष्मी के बीज मंत्र का उच्चारण करते हुए बनाएं।
3. अंगूठे, अनामिका (रिंग फिंगर)और मध्यमा (मिडिल फिंगर) से कुमकुम चढ़ाएं।
4. कपूर जलाकर आरती करें।
5. इस तरह दीपावली के बाद लगातार 11 दिन तक इसका अभिषेक करें। इसके बाद अपने धन स्थान पर रखें।

तंत्र-मंत्र, संस्कार, संस्कृति आदि भारत की अमूल्य धरोहर हैं। मंत्र से यदि विषधर भुजंग को वश में किया जा सकता है तो देवता, गंधर्व, यक्ष और अप्सरा शक्तियों को क्यों नहीं प्राप्त किया जा सकता है। इसका मुख्य कारण यही है कि हम उस वस्तु के धरातल व रास्ते से अनभिज्ञ हैं।

प्राचीन काल में भी श्री की अनभिज्ञता संबंधी एक दृष्टांत आता है। महर्षि दुर्वासा की एक छोटी सी भूल ने श्री को शापित करने की धृष्टता कर डाली थी जिससे लक्ष्मी अर्थात् श्री कुछ समय के लिए खो गई थीं।

☛ श्रीयन्त्र का महत्त्व

लक्ष्मी प्राप्ति जीवन का एक आवश्यक लक्ष्य है। लक्ष्मी की आठ सिद्धियां, आठ दिशाओं में होती हैं। संसार हरि से प्रेम करता है और लक्ष्मी जी हरिप्रिया हैं। लक्ष्मी कभी स्थिर नहीं रहतीं। कबीर ने कहा भी है,

कमला थिरु न रहीम कहि, यह जानत सब कोय।
पुरुष पुरातन की वधू, क्यों न चंचला होय॥

लक्ष्मी बनी रहे इसके लिए हम श्रीयंत्र की साधना व पूजा करते हैं। तंत्र के प्रसिद्ध ग्रंथ यामल में लिखा है चक्र त्रिपुर सुन्दर्या ब्रह्माण्डाकारी भीश्वरि, अर्थात् ईश्वरी त्रिपुर सुंदरी का आधार ब्रह्मांडाकार ही उत्पत्ति का विकास चक्र हुआ, जिसका हमारे ऋषियों ने समाज के हित के लिए सरलीकरण किया। सभी दैवीय एवं आसुरी शक्तियां मंत्रों के अधीन कर दीं।

श्री सूक्त मां लक्ष्मी की प्रसन्नता की स्तुति है। लक्ष्मी का एक नाम श्री भी है। श्री अत्यंत प्राचीन है। वैदिक काल में शोभा, सुंदरता, सजावट के अर्थ में श्री शब्द का प्रयोग होता था। श्री एक बहुत ही महत्त्वपूर्ण शब्द है।

पुरुष के नाम के पूर्व श्री शब्द इसलिए लगाया जाता है कि वह श्री से, लक्ष्मी से संपन्न हो अन्यथा वह श्री विहीन होगा, लक्ष्मी विहीन होगा। यही वैदिक श्री देवता था। उस काल में मूर्ति नहीं होती थी। वह केवल भावात्मक देवता था। धीरे-धीरे इसे मूर्ति का रूप दिया जाने लगा।

☛ श्रीयन्त्र की संरचना

श्री यंत्र का रूप ज्यामितीय होता है। इसकी संरचना में बिंदु, त्रिकोण या त्रिभुज, वृत्त, अष्टकमल का प्रयोग होता है। तंत्र के अनुसार श्री यंत्र का निर्माण दो प्रकार से किया जाता है। एक अंदर के बिंदु से शूरू कर बाहर की ओर जो सृष्टि-क्रिया निर्माण कहलाता है और दूसरा बाहर के वृत्त से शुरू कर अंदर की ओर जो संहार-क्रिया निर्माण कहलाता है।

श्री यंत्र में 9 त्रिकोण या त्रिभुज होते हैं जो निराकार शिव की 9 मूल प्रकृतियों के द्योतक हैं। मुख्यत: दो प्रकार के श्रीयंत्र बनाए जाते हैं- सृष्टि क्रम और संहार क्रम। सृष्टि क्रम के अनुसार बने श्रीयंत्र में 5 ऊर्ध्वमुखी त्रिकोण होते हैं जिन्हें शिव त्रिकोण कहते हैं। ये 5 ज्ञानेंद्रियों के प्रतीक हैं। 4 अधोमुखी त्रिकोण होते हैं जिन्हें शक्ति त्रिकोण कहा जाता है। ये प्राण, मज्जा, शुक्र व जीवन के द्योतक हैं।

संहार क्रम के अनुसार बने श्रीयंत्र में 4 ऊर्ध्वमुखी त्रिकोण शिव त्रिकोण होते हैं और 5 अधोमुखी त्रिकोण शक्ति त्रिकोण होते हैं। यह श्रीयंत्र कश्मीर संप्रदाय में कौल मत के अनुयायी उपयोग में लाते हैं।

श्री यंत्र में 9 त्रिभुजों का निर्माण इस प्रकार से किया जाता है कि उनसे मिलकर 43 छोटे त्रिभुज बन जाते हैं जो 43 विभिन्न देवताओं का प्रतिनिधित्व करते हैं। मध्य के सबसे छोटे त्रिभुज के बीच एक बिंदु होता है जो समाधि का सूचक है अर्थात् यह शिव शक्ति का संयुक्त रूप है। इसके चारों ओर जो 43 त्रिकोण बनते हैं। वे योग मार्ग के अनुसार यम 10, नियम 10, आसन 8, प्रत्याहार 5, धारण 5, प्राणायाम 3, ध्यान 2 होते हैं। इन त्रिभुजों के बाहर की तरफ 8 कमल दल का समूह होता है जिसके चारों ओर 16 दल वाला कमल समूह होता है। इन सबके बाहर भूपुर है।

मनुष्य शरीर की भांति ही श्री यंत्र की संरचना में भी 9 चक्र होते हैं जिनका क्रम अंदर से बाहर की ओर इस प्रकार है।

- केंद्रस्थ रक्त बिंदु।
- फिर पीला त्रिकोण जो सर्वसिद्धिप्रद कहलाता है।
- फिर हरे रंग के 8 त्रिकोण सर्वरक्षाकारी हैं।
- उसके बाहर काले रंग के 10 त्रिकोण सर्वरोग नाशक हैं।
- लाल रंग के 10 त्रिकोण सर्वार्थ सिद्धि के प्रतीक हैं।
- उसके बाहर नीले 14 त्रिकोण सौभाग्यदायक हैं।
- 8 गुलाबी कमल दल के समूह दुख, क्षोभ आदि के निवारण का प्रतीक हैं।
- उसके बाहर पीले रंग के 16 कमल दल का समूह इच्छापूर्ति कारक है।
- अंत में सबसे बाहर हरे रंग का भूपुर त्रैलोक्य मोहन के नाम से जाना जाता है।

(1) त्रिपुरा, (2) त्रिपुरेशी, (3) त्रिपुरसुंदरी, (4) त्रिपुरवासिनी, (5) त्रिपुररात्रि, (6) त्रिपुरामालिनी, (7) त्रिपुरसिद्धा, (8) त्रिपुरांबा और (9) महात्रिपुर सुंदरी।

☛ कैसे करें श्री यन्त्र का निर्माण

चार कंठ, पांच शिव युती के मेल से नौ रेखाएं बनती हैं, जिसे मूल प्रकृति कहते हैं। इन रेखाओं को एक दूसरे से मिलाने पर 43 कोण बनते हैं। चार श्री कंठ, मध्य में चतुर्भुज वाले चार कोण, चौरस यंत्र वाला शक्ति मंत्र, पार्वती, महेश्वरी, रुद्राणी, सती, उमा। उसके ऊपर प्रथम वलय कुंडलाकार बनाकर उस पर 9 दल निर्मित करें। उसमें भगवान शंकर की नौ शक्तियां अर्थात् शैलपुत्री, ब्रह्मचारिणी, चंद्रघंटा, कालरात्रि महागौरी और सिद्धिदात्री आदि मूल नौ प्रकृतियां रखें।

पुनः द्वितीय वलय कुंडलाकार बनाकर उस पर अष्टदल वाला कोण बनाएं। अनंग कुसुमा, अनंग मेखला, अनंग मंदना, अनंग मानाकुश, अनंग रेखा, अनंग वेगनी, अनंग क्रशा,

अनंग भातिनि, आदि की स्थापना कर तीसरा वलय कुंडलाकर बनाकर 16 (षोडशदल) बनाएं। उसमें श्री लक्ष्मी, कमला, पद्मा, पद्मिनी, कमलालया, रमा, वृषाकयी, धान्या, पृथ्वी, यज्ञा, इंदिरा, ऊषा, माया, गिरा, राधा आदि 16 देवियों की स्थापना करें। अब रेखाकृत चार भृंगुर निर्मित करें। इस प्रकार 43 कोण वाले महालक्ष्मी के आसन वाले श्री यंत्र का निर्माण होता है।

बिंदु शिवरूप है। देवी का प्रथम आसन 1, 4, 5, 9, 16, 43 दल का कोण बन जाता है। अब रक्त चंदन के अंगुष्ठ भाग में लेकर महालक्ष्मी रूपी श्रीयन्त्र के पास रखकर प्राण प्रतिष्ठा करें। प्राण प्रतिष्ठा का मंत्र निम्नानुसार है।

ॐ अस्य लक्ष्मी चक्रस्य श्री भगवान महादेव, ऋषि दुर्वासा छंदः, आद्याशक्ति त्रिमूर्ति मध्ये, क्लीं कीलकः श्री कामकला प्राण प्रतिष्ठा जपे विनियोगः। इस प्रकार श्री यन्त्र की प्राण प्रतिष्ठा करें।

☛ बरतें सावधानी

श्रीयन्त्र प्राप्त करते समय एवं पूजन के संबंध में साधकों को निम्नलिखित कुछ विशिष्ट बातों का ध्यान रखना चाहिए।

- श्रीयंत्र पूर्णतः शुद्ध एवं प्रमाणिक होना चाहिए।
- यदि श्रीयन्त्र किसी धातु पत्र पर बना हो तो वह उत्कीर्ण अथवा धंसी हुई रेखाओं में नहीं, बल्कि उभरी हुई रेखाओं में हो। यदि वह मणि, अथवा शिला का बना हो तो उसके कोण सही प्रकार से बने हों और वे खंडित अथवा संख्या में कम या अधिक न हों। उनकी संख्या 49 होनी चाहिए।
- यंत्र किसी योग्य व्यक्ति द्वारा प्राण-प्रतिष्ठित होना चाहिए।
- श्रीयंत्र को सिद्ध करने के पहले योग्य गुरु से दीक्षा प्राप्त कर लेनी चाहिए।
- यदि साधक जप करने की स्थिति में न हो तो श्रीयंत्र के समक्ष केवल प्रार्थना, आरती अथवा स्तोत्र पाठ करें।
- श्रीयंत्र साधना के समय भक्ति भावना तथा शुचिता और श्रद्धा बनाए रखें। साधना समर्पित भाव से करनी चाहिए।
- यंत्र की स्थापना के बाद प्रतिदिन उसका अभिषेक व पूजन आवश्यक है। अभिषेक यदि न भी कर सकें तो पूजन अवश्य करें।
- जिसने कोटि जन्मों तक तप किया हो, वही इस विद्या की प्राप्ति कर भोग व मोक्ष दोनों की प्राप्ति करता है। अतः इसके प्रति सशंकित न हों, न उपहास उड़ाएं और न ही इसकी शक्ति के परीक्षण के उद्देश्य से साधना करें।
- श्रीहीन व्यक्ति सर्वथा असमर्थ होता है, अतः श्रीयुक्त एवं समर्थ बनने के लिए श्रीविद्या उपासना आवश्यक है।

☛ श्रीयन्त्र से संबंधित कथा

एक पौराणिक कथा के अनुसार एक बार लक्ष्मी जी अप्रसन्न होकर बैकुंठ धाम चली गईं। इससे पृथ्वी पर विभिन्न प्रकार की समस्याएं उत्पन्न होने लगीं। समस्त मानव जाति लक्ष्मी के अभाव में दीन-हीन व दुखी होकर इधर-उधर फिरने लगी। तब वशिष्ठ मुनि ने लक्ष्मी को वापस लाने का निश्चय किया और तत्काल बैकुंठ धाम जाकर लक्ष्मी से मिले। लक्ष्मी जी अप्रसन्न थीं और किसी भी स्थिति में पृथ्वी पर आने को तैयार नहीं थीं। तब वशिष्ठ जी वहीं बैठकर आदि अनादि और अनंत भगवान श्री विष्णु जी की आराधना करने लगे। तब श्री विष्णु जी प्रसन्न होकर प्रकट हुए तब वशिष्ठ जी ने उनसे कहा, प्रभु, श्री लक्ष्मी के अभाव में हम सब पृथ्वीवासी पीड़ित हैं। आश्रम उजड़ गए, वणिक वर्ग दुखी है, सारे व्यवसाय तहस-नहस हो गए हैं। सबके मुख मुरझा गए हैं। आशा निराशा में बदल गई तथा जीवन के प्रति मोह समाप्त हो गया है। तब श्री विष्णु जी वशिष्ठ जी को लेकर लक्ष्मी जी के पास गए और उन्हें मनाने लगे, परंतु वे भी लक्ष्मी जी को मनाने में सफल नहीं हो सके। रूठी लक्ष्मी ने दृढ़तापूर्वक कहा कि मैं किसी भी स्थिति में पृथ्वी पर जाने को तैयार नहीं हूं।

उदास मन के साथ वशिष्ठ जी पुनः पृथ्वी लोक में लौट आए और अपने प्रयास व लक्ष्मी जी के निर्णय से सबको अवगत करा दिया। सभी अत्यंत दुखी हुए। कुछ सोचकर देवगुरु बृहस्पति जी ने कहा कि अब तो मात्र एक ही उपाय है और वह है श्रीयंत्र की साधना। यदि श्रीयंत्र को स्थापित कर, प्राण-प्रतिष्ठा करके पूजा की जाए तो लक्ष्मी जी को अवश्य ही आना पड़ेगा।

गुरु बृहस्पति की बात से ऋषि व महर्षियों में आशा का संचार हुआ। उन्होंने बृहस्पति जी के निर्देशन में श्रीयंत्र का निर्माण किया और उसकी सिद्धि एवं प्राण-प्रतिष्ठा कर दीपावली से दो दिन पूर्व अर्थात् धनतेरस को स्थापित कर उसका षोडशोपचार से पूजन किया। पूजा समाप्त होते-होते ही लक्ष्मी जी वहां उपस्थित हो गईं। लक्ष्मी ने कहा कि मैं किसी भी स्थिति में यहां आने को तैयार नहीं थी, परन्तु आपने जो प्रयोग किया, उसके प्रभाव से मुझे आना ही पड़ा। श्रीयन्त्र तो मेरा आधार है, इसमें मेरी आत्मा वास करती है। दरअसल, यह सही भी है, इसीलिए श्रीयन्त्र को सब यन्त्रों में सर्वश्रेष्ठ माना गया है।

☛ श्रीयन्त्र से संबंधित पूजा स्थल

यद्यपि यह संपूर्ण विश्व ही भगवती त्रिपुर सुंदरी का निवास है फिर भी स्थूल दृष्टि से उनके कुछ प्रमुख स्थानों का विवरण यहां प्रस्तुत है।

श्री विंध्यवासिनी क्षेत्र में अष्टभुजा के मंदिर के पास भैरव कुंड नामक स्थान है। यहां एक खंडहर में विशादकार श्रीयंत्र रखा हुआ है। एक अन्य श्रीयंत्र फर्रुखाबाद जनपद के तिरवा नामक स्थान पर है। वहां एक विशाल मंदिर है, जिसे माता अन्नपूर्णा का मंदिर कहा

जाता है। लेकिन वास्तव में वह त्रिपुरा का मंदिर है। यहां एक ऊंचे से चबूतरे पर संगमरमर पत्थर पर बहुत बड़ा श्रीयंत्र बना हुआ है और उसके केंद्र बिंदु पर पाशांकुश एवंधनुर्बाण से युक्त भगवती की बहुत ही सुंदर चतुर्भुजी प्रतिमा है। इस मंदिर का निर्माण राजा तिरवा ने लगभग सवा सौ वर्ष पूर्व किसी तांत्रिक महात्मा के निर्देशानुसार कराया था। यह स्थान 51 शक्तिपीठों में से एक है।

इसी प्रकार महाराष्ट्र में भगवती का विशाल मंदिर है, जहां बहुत ही सुंदर श्रीयंत्र बना हुआ है। इस मंदिर को कामेश्वराश्रम के नाम से जाना जाता है।

इसी प्रकार जबलपुर के पास परमपूज्य गुरुदेव जगद गुरु शंकराचार्य स्वामी स्वरूपानंद जी सरस्वती ने भी सुरम्य वनाच्छादित प्रदेश में परमहंसी गंगा आश्रम की स्थापना की थी जहां मंदिर की ऊंचाई लगभग 218 फुट हैं और उसके गर्भ गृह में भगवती राजराजेश्वरी, त्रिपुरसुंदरी की पांच फुट ऊंची दिव्य एवं मनोहर प्रतिमा है। यह मंदिर दक्षिण भारतीय वास्तुकला की अनुपम कृति है, जो मध्यप्रदेश के नरसिंहपुर जिले के ज्योतेश्वर नामक स्थान पर है।

इनके अतिरिक्त कुछ अन्य सुरम्य स्थलों पर भी भगवती त्रिपुरसुंदरी के पीठ स्थापित हैं, जिनमें वाराणसी में केदारघाट पर श्रीविद्या मठ, पश्चिम बंगाल के हुगली जिले में कोन्नगर स्थान पर राजराजेश्वरी सेवा मठ, मध्य प्रदेश के पन्ना जिले में मोहनगढ़ में राजराजेश्वरी मंदिर, कोलकाता के श्रीरामपुर में श्रीमाता कामकामेश्वरी मंदिर और जनपद मेरठ के सम्राट पैलेस स्थान पर भगवती राजराजेश्वरी मंदिर प्रमुख हैं।

दीपावली पर किए जाने वाले कारगर उपाय व टोटके

हर कार्य को करने का एक विशेष दिन, समय, स्थान या मुहूर्त अवश्य होता है, वह हमें फलता है, ऐसा ही एक विशेष समय है दीपावली का। यदि इस दिन कुछ खास उपाय किए जाएं तो उसका अच्छा परिणाम अवश्य मिलता है, जिसके चलते जीवन में खुशहाली और सुख-समृद्धि आती है।

दीपावली का पर्व कार्तिक मास की अमावस्या के दिन सदियों से हिन्दू समाज मनाता आ रहा है। दीपावली पूजन का बहुत महत्त्व होता है कहते हैं इस दिन जो नक्षत्र होते हैं उनमें यदि पूर्ण विधि व शुद्धता के साथ लक्ष्मी-गणपति पूजन किया जाये तो धन समृद्धि की वृद्धि, उत्तम स्वास्थ्य, व्यापार वृद्धि, सुख सौभाग्य, शान्ति, दरिद्रता निवारण, ऋण मुक्ति आदि उद्देश्यों को आसानी से प्राप्त किया जा सकता है। पंडित व ज्योतिषाचार्य मुकेश कुमार से जी के अनुसार दीपावली पर निम्न उपाय करें तो निश्चित ही दीर्घकालीन लाभ प्राप्त किये जा सकते हैं।

☛ दीपावली पर सुख-समृद्धि के उपाय

- दीपावली के दिन स्फटिक माला लाकर गंगा जल से धोकर, नित्य श्री लक्ष्म्यै नमः का जाप करने से आर्थिक उन्नति होती है।
- दीपावली के दिन दोपहर के समय हल्दी की गांठों को पीले कपड़े में रखकर, 'वक्रतुण्डाय हुं' का 108 बार पाठ करके, तिजोरी में रखने से व्यापार में वृद्धि होती है।
- दुकान में वृद्धि हेतु दुकान खोलने के बाद सफाई करके श्री यंत्र अथवा लक्ष्मी जी के चित्र के आगे अगरबत्ती जलावें, प्रणाम करें तथा 108 बार मंत्र 'श्री शुक्ला महाशुक्ले निवासे श्री महालक्ष्मी नमो नमः' का जाप करें। तत्पश्चात दुकानदारी प्रारंभ करें। इससे ग्राहकों की संख्या एवं बिक्री में वृद्धि होगी।

- पीपल के वृक्ष की जड़ में तेल का दीपक जला दें। फिर घर वापस आ जाएं, पीछे मुड़कर न देखें। लक्ष्मी की प्राप्ति होगी।
- दीपावली के दिन प्रातः गन्ने की जड़ को नमस्कार करके घर ले आएं। फिर रात्रि में, लक्ष्मी पूजन के साथ इसकी भी पूजा करें। इससे धन-संपत्ति में वृद्धि होगी।
- श्यामा तुलसी के चारों ओर उगने वाली घास को पीले वस्त्र में बांधकर, दीपावली के दिन अपने कार्यस्थल में रखने से उन्नति होती है।
- दीपावली के दिन घर की छत से बेकार का सामान हटाने से आर्थिक लाभ प्राप्त होता है।
- दीपावली की रात्रि में कच्चा सूत लेकर उसे शुद्ध केसर से रंगकर, अपने कार्य स्थान में रखने से उन्नति होती है।
- दीपावली के दिन अपने पूर्वजों की याद में 11 लोगों को खाना देने से घर में सुख-शांति बनी रहती है।
- दीपावली पर श्री महालक्ष्मी पूजन के बाद श्री सूक्तम के 12 पाठ करें तथा एक माला लक्ष्मी मंत्र 'ॐ ह्रीं श्रीं क्लीं महालक्ष्मी मम गृहे आगच्छ आगच्छ ह्रीं नमः' जपें। इसके बाद प्रतिदिन पूजा के समय एक माला जपते रहें। इस प्रयोग से धन संबंधी कठिनाइयां दूर होती है।
- दीपावली के दिन अपने घर के मुख्य द्वार पर सरसों के तेल का दीपक जलाएं। घर में सुख-शांति स्थापित होती है।
- दीपावली के दिन अर्द्धरात्रि में मंत्र-श्रीं ह्रीं श्रीं ऐं कमलवासिन्यै स्वाहा का जाप करें। महालक्ष्मी जी के सम्मुख कमलगट्टे की माला से 21 माला जप करने पर महालक्ष्मी जी प्रसन्न होकर धन-धान्य, सुख-समृद्धि और ऋद्धि-सिद्धि का वरदान देती हैं। दीपावली की रात चांदी की कटोरी में मां लक्ष्मी के पूजन स्थान पर कपूर जलाएं। इससे कई आकस्मिक दैहिक, दैविक एवं भौतिक संकटों से मुक्ति मिलती है। दीपावली की रात्रि में, महालक्ष्मी जी का पूजन करते समय, अकीक की भी पूजा करें। इसके बाद इसको धारण करें। ऐसा करने से वर्षपर्यंत समृद्धि प्राप्त होगी। रोज प्रातः इस मंत्र का एक माला जप करने के बाद अपने कार्यस्थल पर जाएं, तो अद्‌भुत लाभ होगा। ओम ह्रीं श्रीं क्रीं श्रीं क्रीं क्लीं श्रीं महालक्ष्मी मम गृहे धनं पूरय पूरय चिंतायै दूरय दूरय स्वाहा।
- दुर्भाग्य से बचने के लिए कम से कम 6 मोर पंख दुकान, कार्यालय में लगाने चाहिए। ये नकारात्मक ऊर्जा को अंदर समा लेते हैं।
- दीपावली के दिन अपने घर के मुख्य द्वार पर सरसों के तेल का दीपक जलाएं। फिर उसमें काली गुंजा के दो-चार दाने डालने से घर में सुख-शांति स्थापित होती है।
- दरिद्रता दूर करने के लिए दीपावली की रात्रि एक मोती शंख ले कर पीले रंगे हुए चावल के ढेर पर स्थापित करें। इसकी पूजा केसर, पीले अक्षत, पीले फूल, धूप, दीप, मिठाई

एवं फल से करें। इसके बाद 21 माला मंत्र: ओम श्रीं ह्रीं क्रों ऐं जपें एवं दो माला कमल गट्टे की माला से हवन करें। जप के बाद समस्त सामग्री जल में प्रवाहित करें।

- दीपावली के दिन अर्द्ध रात्रि में काले साबुत उड़द के 108 दानों को, 'नमो भौराय' मंत्र से अभिमंत्रित कर रखने से शत्रु भय समाप्त होता है।
- दीपावली के दिन स्फटिक माला लाकर, गंगा जल से धोकर, नित्य 'श्रीं लक्ष्म्यै नम:' का जप करने से आर्थिक उन्नति होती है।
- दीपावली के दिन दोपहर के समय 11 हल्दी की गांठों को, पीले कपड़े में रख कर, 'वक्रतुण्डाय हुं' का 108 बार पाठ कर के, तिजोरी में रखने से व्यापार में वृद्धि होती है।
- दुकान में वृद्धि हेतु दुकान खोलने के बाद सफाई कर के श्री यंत्र अथवा लक्ष्मी जी के चित्र के आगे अगरबत्ती जलावें, प्रणाम करें तथा 108 बार मंत्र: श्री शुक्ला महाशुक्ले निवासे श्री महालक्ष्मी नमो नम: का जाप करें। तत्पश्चात दुकानदारी प्रारंभ करें। इससे ग्राहकों की संख्या एवं बिक्री में वृद्धि होगी।
- मघा नक्षत्र में बहुवार का बांदा लाया जाए तथा पूजन के पश्चात इसे, लाल कपड़े में बांध कर तिजोरी, अलमारी, या व्यापार स्थल में स्थापित करें। यह प्रयोग धन वृद्धि के लिए अत्यंत प्रसिद्ध है।
- दीपावली की रात्रि में 21 रुद्राक्षों से, घी एवं शक्कर के साथ, निम्न मंत्रों से आहुति दें। मंत्र: 'ऊं श्रीं श्रीं श्रियै नम:।' इस प्रयोग से आश्चर्यजनक रूप से धन का आगमन प्रारंभ होने लगता है।
- दीपावली के दिन प्रात: गन्ने की जड़ को नमस्कार कर के घर ले आएं। फिर रात्रि में लक्ष्मी पूजन के साथ इसकी भी पूजा करें। इससे धन-संपत्ति में वृद्धि होगी।
- लक्ष्मी की प्राप्ति हेतु चांदी से निर्मित अभिमंत्रित लॉकेट में शुद्ध मोती तथा मूंगा विधिपूर्वक जड़वा कर धारण करना चाहिए। नवरत्न का लॉकेट भी धारण कर सकते हैं, इससे जातक सुख-समृद्धि एवं सफलता की ओर अग्रसर होने लगता है।
- दीपावली के दिन अर्द्ध रात्रि में, काले उड़द के 108 दानों को 'नमो भौराय' मंत्र से अभिमन्त्रित करके, घर में रखने से शत्रु से भय समाप्त हो जाता है।
- काली हल्दी एक पवित्र शुद्ध वनस्पति है। यह भगवान विष्णु को बहुत प्रिय है इसे माता लक्ष्मी, व बृहस्पति पर चढ़ाने से सुख सौभाग्य में वृद्धि होती है।
- दीपावली के दिन अपने गल्ले के नीचे काली गुंजा के कुछ दाने डाल देने से धन की हानि रुक जाती है।
- दीपावली के दिन दुर्गासप्तशती मंत्र '**देहि सौभाग्यमारोग्यम्देहि में परम् सुखम् रूपं देहि जयंदेहि यशों देहि द्विषो जहि**' की कम से कम एक व ज्यादा से ज्यादा माला करने से स्त्रियों को सुख व सौभाग्य मिलता है।

- दीपावली के दिन अगर कबाड़ बेच दे तो इससे पूरे साल किसी भी तरह का नुकसान नहीं होता है।
- दीपावली की रात को कच्चे सूत को शुद्ध केसर में रंग कर पूजा घर में रखने से परिवार के सभी लोग दीर्घायु होते हैं।
- श्यामा तुलसी के चारों ओर उगने वाली घास को पीले वस्त्र में बांध कर दीपावली के दिन अगर बच्चों के गले में पहना दिया जाये तो इससे उनको नजर व टोक नहीं लगती है।
- दक्षिणावर्ती शंख को दीपावली पर बारह घंटे तक गंगाजल भर के रखें अगले दिन इस पानी से नहाने पर सफेद दाग दूर हो जाते हैं।
- घर में जो भी चिह्न ऊं, स्वास्तिक, त्रिशूल आदि है उनको साफ रखें दीपावली के दिन घर के मंदिर में पूरी रात प्रकाश रखें।
- दीपावली के दिन रात में शुद्ध घी का दीपक जलाएं इससे घर में धन-धान्य के भंडार पूरे साल भरे रहेंगे।
- पूजन के पश्चात् वास्तु देवता का एक दीपक घर के मुख्य स्थान में इस प्रार्थना के साथ अवश्य जलाएं कि हे वास्तु देवता! हमारे घर में जो भी वास्तु दोष हो उसे आप दूर करें व हमारी रक्षा करें।
- पूजन के लिये मूर्तियों का मुख पूर्व पश्चिम दिशा की ओर रखना उत्तम होता है व लक्ष्मी जी बैठी हुई साथ ही गणपति को लक्ष्मी जी के बांयी ओर रखें।
- दीपावली के दिन घर के सभी कोने साफ करें ऐसा करने से घर के सभी लोग स्वस्थ रहते हैं व बीमारी पर कम पैसा खर्च होता है।

☛ धन समृद्धि में वृद्धि हेतु

- महालक्ष्मी की पूजा में एक छहमुखी रुद्राक्ष चांदी की कटोरी में रखें और पूजन कर मां के चरणों में अर्पित करने उपरांत आने वाली द्वितीया तिथि को उसे श्रद्धा से गले में धारण कर लें। चमत्कार अनुभव करेंगे, शीघ्र ही धनागमन शुरू हो जाएगा।

☛ गृह क्लेश निवारण हेतु

- दीपावली के दिन शुरू करके प्रत्येक महीने के प्रथम शुक्रवार को नौ साल से छोटी कन्या को देवी स्वरूप समझकर भोजन कराएं और दान-दक्षिणा भी दें। उसके चरण धोकर उस जल को अपने घर में छिड़कें, लाभ होगा।

☛ भाग्य वृद्धि के लिए

- धनतेरस के दिन चांदी की कम से कम 6 ग्राम की दो ठोस गोलियां बनवाएं और दीपावली के दिन उनकी पूजा-अर्चना कर सदैव अपने पास रखें। भाग्य में वृद्धि होगी, धीरे-धीरे सभी कार्य सफल होते जाएंगे।

- दीपावली के दूसरे दिन पीपल के पांच पत्ते लेकर सूखे कुएं में डाल दें व कुएं को पीछे मुड़कर देखे बिना वापस आ जाएं, शीघ्र ही धन लाभ होगा।
- दीपावली के दिन काली हल्दी का पूजन करें और श्रीं श्रीं मंत्र का कमलगट्टे की माला से 108 बार जप कर लाल कपड़े में बांधकर तिजोरी में रखें। धन में वृद्धि होगी, किसी प्रकार की कमी नहीं होगी।

☛ मनोकामना पूर्ति के लिए

- दीपावली के दिन लक्ष्मी पूजन में घी के 21 दीपकों का प्रयोग करें। इनमें 20 दीपक सामान्य व एक दीपक बड़ा रखें। बड़े दीपक में पांच काली गुंज भी रखें। प्रातःकाल इन काली गुंजों को भी लक्ष्मी का प्रसाद समझकर धन स्थान में रखें। पूजन के समय अपनी मनोकामना एक सफेद कागज पर लाल पेन से लिखकर लक्ष्मीनारायण के चरणों में रखें व अपनी मनोकामना पूर्ण करने की प्रार्थना करें या कोई प्रतिज्ञा करें, जैसे- प्रतिदिन मंदिर जाना, घर में हवन या कीर्तन करना या गरीबों को भोजन कराना। इससे मनोकामना शीघ्र पूर्ण होगी
- अगर धन संचय नहीं हो पा रहा हो तो दीपावली के दिन लाल रेशमी रूमाल में हत्था जोड़ी, लौंग और कपूर बांधकर अपने घर में रख दें, धन निरंतर बढ़ता जाएगा।

☛ व्यापार में उन्नति हेतु

- दीपावली के दिन दुकान में कमलगट्टे की माला बिछाकर उसके ऊपर धनदा यंत्र व भगवती लक्ष्मी का चित्र स्थापित करें। व्यापार में निरंतर उन्नति होगी।
- दीपावली के दिन गणेश शंख स्थापित करें। चांदी की थाली में चावल (साबुत) रखें, केसर का तिलक लगाएं, देसी घी का दीपक और गुलाब की अगरबत्ती जलाएं, खीर का भोग लगाएं। फिर मूंगा, मोती या शंख की माला से निम्न मंत्र का एक माला जप प्रतिदिन श्रद्धापूर्वक करें, ॐ नमः गणेश शंखायः मम गृह धन वर्षा कुरु-कुरु स्वाहा। इससे ऋद्धि-सिद्धि का भंडार भरा रहता है। इस मंत्र के प्रभाव से बंद उद्योग भी चल पड़ते हैं। घर में लक्ष्मी का स्थायी वास हो जाता है तथा कर्ज, वास्तु दोष और दुख से मुक्ति मिलती है। यह एक चमत्कारिक टोटका है।
- दीपावली पूजन के समय मां लक्ष्मी की पुरानी तस्वीर पर अपनी पत्नी के द्वारा पूर्ण सुहाग सामग्री में इत्र डालकर अर्पित करवाएं। अगली सुबह पत्नी स्नानादि से निवृत्त होकर पूजा-अर्चना करें और मां लक्ष्मी को चढ़ाई गई सुहाग सामग्री को लक्ष्मी कृपा मानकर प्रयोग करें। पूजा करते समय घर में स्थायी रूप से वास करने के लिए लक्ष्मी से प्रार्थना करें। यह एक अचूक टोटका है। इसके फलस्वरूप वर्ष भर मां लक्ष्मी की कृपा बनी रहती है।

- दीपावली के दिन खीर, पूरी का भोग लगाएं। सूजी के हलवे का भोग भी लगा सकते हैं। इससे वर्ष भर सुख-समृद्धि बनी रहती है।

☛ क्या न करें?

- दीपावली के दिन जितना हो सके बुरे कामों से दूर रहें चाहे वो किसी का दिल दुखाना हो या किसी की निंदा-चुगली करना।
- घर की सजावट के लिए कभी बाजार से ऐसी रंगोली न खरीदें जिस पर लक्ष्मी जी या गणेश जी की प्रतिमा बनी हो। इसी तरह इस बात का भी ध्यान रखें कि फर्श पर कभी भी ओम या स्वास्तिक जैसे शुभ चिह्न न बनाएं।
- किसी को दीपावली का उपहार देने से पहले इस बात का विशेष रूप से ध्यान रखें कि किसी को चाकू सेट, पटाखे, नकारात्मक तस्वीरें या किसी भी प्रकार का एंटीक पीस न दें।

दीपावली का त्योहार और वास्तु सुधार

दीपावली के शुभ अवसर पर हम सभी मां लक्ष्मी को प्रसन्न कर सुख-समृद्धि की कामना करते हैं फिर भी कुछ लोगों के जीवन में शुभता नहीं आती। ऐसे में यदि अपने घर का वास्तु में थोड़ा सुधार कर लिया जाए तो सकारात्मक परिणाम प्राप्त किए जा सकते हैं।

- नरकचौदस वाले दिन घर व कार्यस्थल को पानी से धुलवाना चाहिए, नहीं तो कम से कम गीला पोंछा अवश्य लगवाना चाहिए, विशेषकर उत्तर-पूर्व दिशा में, क्योंकि यदि सब कुछ वास्तु-अनुसार होने के पश्चात् भी घर तथा कार्यस्थल की ईशान दिशा स्वच्छ नहीं है तो आपको ईश्वर की कृपा दृष्टि से वंचित रहना पड़ सकता है।
- यदि आपके पास कम काम में आने वाला या कभी-कभी काम में आने वाला या न फेंकने वाला सामान अधिक है तो उसे दक्षिण-पश्चिम की दिशा में इकट्ठा करके रखें (खुले में यथासंभव न रखें)।
- घर में सभी मांगलिक चिह्नों जैसे पंचागुलक, स्वास्तिक, ऊं, एक ओंकार, खंडा साहब, आदि है तो उन्हें झाड़-पोंछकर साफ करें या पुन: उकेरित करें।
- द्वार पर लगे भगवान के चित्रों या मूर्ति आदि को भी साफ करें।
- मंदिर को साफ करें, हो सके तो कम से कम मंदिर में सफेदी जरूर करायें। भगवान के वस्त्रों को बदलें व नई मालाएं पहनाएं। दीपावली की रात को मंदिर की कम से कम बत्ती जली रहने दें।
- पूजन स्थल के नीचे किसी प्रकार की दरार न हो। यदि है तो ठीक करवायें अन्यथा लाल या सफेद कपड़ा लकड़ी की चौकी पर बिछाकर उस पर प्रतिमाएं रखें।
- पूजन के लिए मूर्तियों का मुख पूर्व/पश्चिम दिशा की ओर रखना श्रेष्ठ होता है। यहां विशेषत: यह ध्यान रखें कि चित्रित लक्ष्मी की आकृति का स्वरूप, बैठी हुई लक्ष्मी का होना चाहिए खड़ी हुई लक्ष्मी का नहीं। पूजन ईशान दिशा के कक्ष में करें।

- पूजन में गणपति के समक्ष, केले, लड्डू तथा जामुन व लक्ष्मी जी को अनार, कमल गट्टे व कमल के फूल तथा अन्य पकवानों का भोग यथा शक्ति लगाएं। पांच मेवा भी प्रसाद स्वरूप अर्पित किए जा सकते हैं।
- पूजन में यथा शक्ति कुछ नये रुपयों के नोट व चांदी का सिक्का रखें। नये नोटों का पूजन के पश्चात् स्वयं उपयोग किया जा सकता है। लक्ष्मी जी के बाईं ओर गणपति स्थापित करें।
- पूजन में कच्चा दूध अवश्य प्रयोग करें, जिससे गणेश-लक्ष्मी को छींटें देकर स्नान कराया जा सके।
- दीपावली पूजन के मुख्य दीपक को शुद्ध घी से रात भर जलायें।
- पूजन के पश्चात् वास्तु देवता जो कि स्थान देवता भी हैं उनसे प्रार्थना करनी चाहिए कि हे देव! यह स्थान हमारे परिवार के लिये कल्याणकारी हो, ऐसा आशीर्वाद हमें प्रदान करें। वास्तु यंत्र को इस दिन स्थापित किया जा सकता है।
- पूजन के पश्चात् मुख्य कक्ष में, शयन कक्ष में, मंदिर में, तुलसी के पौधे के समीप, आंगन में, शौचालय, रसोई, मुख्य द्वार, स्टोर आदि सभी कमरों में एक-एक दीपक अवश्य रखना चाहिए।
- दीपावली के दिन-रात को चांदी की कटोरी में मां लक्ष्मी के पूजन स्थान पर कपूर जलाएं। इससे कई आकस्मिक दैहिक, दैविक एवं भौतिक संकटों से मुक्ति मिलती है।

☛ पूजाघर किस रंग का हो?

- हर घर में पूजा होती है। हर घर में पूजा घर भी होते हैं। पूजा घर को किस रंग से सुशोभित करना चाहिए। यह बहुत कम लोग ही जानते हैं।
- पूजाघर को सफेद या हल्के पीले रंग से रंगना चाहिए।
- श्वेत रंग सूर्य के सात रंगों से मिलकर बना होता है। श्वेत रंग, शांति, दानी, सच्चाई, पवित्रता, इत्यादि का प्रतीक माना जाता है।
- सुबह उगने वाले सूर्य का रंग भी हल्का पीला होता है। इसलिए हल्का पीला रंग पूजा घर में लगाने से परिवार की आध्यात्मिक प्रगति, चित्त शुद्धि, पवित्र भावनाओं का वास होता है।
- पूजा घर के लिए विशेषत: दीवारों के लिए श्वेत हल्का पीला, क्रीम कलर, हल्का नीला आदि रंग उचित होते हैं।
- पूजा घर के लिए हल्का नीला रंग शुभ माना जाता है। यह गुरु ग्रह का रंग है। आकाश की अनंतता तथा सागर की विशालता का प्रतीक है।
- नीला रंग आध्यात्मिक जागृति हेतु अपना प्रभाव दिखलाता है।

☛ समझदारी से करें घर की सजावट

प्रत्येक गृह स्वामी अपने सपनों के घर को अपने हिसाब से अपनी सामर्थ्य के अनुसार सजाना चाहता है। परन्तु उनके लिए यह आवश्यक है कि यदि वह घर में सुख-शांति और हंसी-खुशी का माहौल चाहता है तो अपने ग्रह-नक्षत्रों से मेल खाती वस्तुएं घर में सजाएं और यह भी ध्यान रखें कि उसमें प्रयुक्त लकड़ी-रंग इत्यादि वास्तु अनुकूल है। घर का फर्नीचर, बहेड़ा, पीपल, बरगद तथा करंज की लकड़ी से बने हैं तो घर में अशांति, प्रेतबाधा तथा क्लेश होता है। शयन कक्ष में अशुभ आकृतियां ड्रेगन-सर्प इत्यादि के चित्र यौन जीवन में विसंगति लाते हैं। खिड़कियों के टूटे फूटे कांच समस्याओं को जन्म देते हैं। अन्दर की तरफ खुलती खिड़कियां ज्यादा अच्छी होती हैं। वास्तु शास्त्री खिड़कियों को वास्तु की आंख कहते हैं। यह ज्ञान प्राप्ति का शक्तिशाली माध्यम है। जिस कमरे में छत न हो उसमें नहीं सोना चाहिए। मकान में सीलन तथा प्रवेश द्वार का उखड़ा रंग दरिद्रता एवम् रोग लाता है। घर के मुख्य द्वार के आसपास कूड़ा-कचरा अशुभ फल देता है। यदि हम घर की आंतरिक सजावट, ग्रहों और नक्षत्रों के हिसाब से करना चाहें तो इसमें रंग धातु तथा सुगन्ध महत्त्वपूर्ण है।

अश्वनि, मघा तथा मूल केतु के नक्षत्र हैं। घर के पर्दों तथा बेडशीट का रंग धूम्र या मटमैला हो तो ठीक रहता है। बैठक कक्ष में ड्रैगन का चित्र अला-बला से रक्षा करता है। गुलाब तथा चन्दन की सुगन्ध के साथ घर में एक चन्दन का शो पीस हो तो शक्ति मिलती है। कांसे की प्रतिमा तथा शयन कक्ष में पंच धातु का एक आभूषण अवश्य रहना चाहिए।

भरणी, पूर्वा फाल्गुनी तथा पूर्वाषाढ़ा शुक्र के नक्षत्र हैं। श्वेत तथा फिरोजी रंग इसे प्रिय हैं। स्फटिक के शो पीस तथा श्वेत चन्दन की फ्रेम से जड़ी तस्वीरें सुख-सौभाग्य को बढ़ाती हैं। अंग्रेजी रंग तथा कम चटकीले रंगों का भी प्रयोग किया जा सकता है। मछली के आकार के चांदी के पात्र में जल भर कर शयनकक्ष में रखने से सुख मिलता है।

- कृतिका, उत्तरा, फाल्गुनी तथा उत्तराषाढ़ा सूर्य के नक्षत्र हैं। हल्का गुलाबी तथा कत्थई रंग का उपयोग उत्तम फल देता है। तांबे की बनी वस्तुएं सजावट के लिए उपयुक्त हैं। काले व गहरे नीले रंगों के उपयोग से बचें।

  रोहिणी हस्त तथा श्रवण चन्द्रमा के नक्षत्र हैं। घर की सजावट में कलाकृतियां तथा चांदी का प्रयोग साथ ही साथ चादर-पर्दे मोती रंग के हों तो सोने पे सुहागा। चमेली की सुगन्ध राहत देने वाली है।
- मृगशिरा, चित्रा तथा धनिष्ठा मंगल के नक्षत्र हैं। सिन्दूरी तथा कोकाकोला रंग तथा तांबे से बनी वास्तुएं सजावट के लिए उत्तम हैं। वीरतापूर्ण कारनामों के चित्र मन को प्रसन्न करते हैं।
- पुर्नवसु, विशाखा तथा पूर्णभाद्रपद गुरु के नक्षत्र हैं। पीला रंग एवं पीतल के शो पीस शांति एवं समृद्धि देते हैं।

- अश्लेषा, ज्येष्ठा तथा रेवती बुध के नक्षत्र हैं। हरे तथा हल्के रंगों का उपयोग विवाद से बचाता है।
- पुष्य अनुराधा एवं उत्तरा भाद्रपद शनि के नक्षत्र हैं। नीला रंग स्वास्थ्य एवं समृद्धि देता है। सजावट में स्टील मिश्रित धातुओं का प्रयोग किया जा सकता है। जामुनी तथा बादली रंग दुर्घटना में रक्षा करता है।

इन कार्यों के साथ-साथ आप धन-सम्पदा की बरकत के लिए इन उपायों को भी आजमा सकते हैं।

☛ क्या करें?

1. अगर आप इलेक्ट्रॉनिक लाइटिंग का प्रयोग करने वाले हैं तो अलग-अलग दिशा हेतु अलग रंगों के लाइट्स का प्रयोग करें।
   जैसे- दक्षिण, दक्षिण-पश्चिम या पश्चिम दिशा में है तो लाल और नीले दोनों रंगो का प्रयोग करें। दक्षिण-पूर्व के लिए लाल।
   उत्तर या उत्तर-पूर्व के लिए लाल और पीले तथा दक्षिण-पूर्व दिशा में लाल लाइटिंग का प्रयोग करें।
2. दक्षिण-पूर्व दिशा में ताजे पानी से भरे बाउल को सौ के नोट पर रखें। इससे व्यापार में वृद्धि होती है।
3. पश्चिम दिशा में गुल्लक रखें तथा दीपावली वाले दिन उसमें पैसे अवश्य डालें।
4. सजावट के लिए मिट्टी से बने फ्लावर पॉट में पीले फूल रख कर सजाएं तथा उसे दक्षिण-पश्चिम में सजाएं।
5. घर के मुख्य द्वार के पास, पूजा घर तथा अगर घर में तुलसी का पौधा है तो उसके आस-पास रंगोली अवश्य बनाएं।
6. रंगोली में लाल तथा पीले रंग का प्रयोग करना शुभ होता है।
7. आज-कल दीपावली के दिन एक-दूसरे को तरह-तरह के उपहार देने का चलन काफी आम हो चुका है ऐसे में कुछ वस्तुएं ऐसी हैं जिनको अगर उपहार के रूप में दिया जाए तो बहुत शुभ होता है। जैसे-वास्तु पेंटिंग्स, मिठाई, सोना-चांदी, ड्राई फ्रूट्स स्टोन, क्रिस्टल तथा पानी को प्रदर्शित करती पेंटिंग्स इत्यादि।

☛ वास्तु अनुसार करें लक्ष्मी पूजन

लक्ष्मी पूजन करते समय वास्तु के निम्नलिखित विधियों तथा उपायों का ध्यान रखने से पूजन अधिक फलदायी होता है-

- उत्तर दिशा धन व सम्पत्ति की दिशा होती है। इस कारण से पूजा के लिए इस दिशा का चुनाव करें तथा भगवान लक्ष्मी व गणेश की मूर्तियों को पूजा घर में उत्तर-पूर्व में रखें।

- इस बात का भी ध्यान रखें कि भगवान की मूर्तियों का मुख दरवाजे के ठीक सामने न हो।
- पूजा स्थल की सफाई व स्वच्छता का विशेष ध्यान रखें।
- पूजाघर के पूर्व या उत्तर दिशा में पानी से भरे कलश की स्थापना करना बहुत ही शुभ माना जाता है।
- शुद्ध देशी घी का दीपक या फिर कपूर अथवा अगरबत्ती जला कर पूजा का प्रारम्भ करें।
- पूजा के दौरान भगवान गणेश सर्वप्रथम पूजे जाने के अधिकारी होते हैं तथा उनके बाद नवग्रह फिर मां लक्ष्मी जी का आवाहन प्रारम्भ करें।

दीपावली पर राशिनुसार करें यह उपाय

दीपावली पर्व का ज्योतिषीय दृष्टि से भी काफी महत्त्व है। इस अवसर पर आप अपनी राशिनुसार उपाय करके अपनी समस्याओं से छुटकारा पा सकते हैं। फल प्राप्ति के लिए किस प्रकार करें उपाय? आइए जानते हैं।

☛ 1. मेष राशि वाले-

धन प्राप्ति के लिए- दीपावली के दिन से आरम्भ करके 108 दिनों तक प्रतिदिन माता लक्ष्मी देवी को एवं अपने इष्टदेव को एक-एक लाल गुलाब का फूल चढ़ावें।

आरोग्य प्राप्ति के लिए- दीपावली की रात्रि से 108 बार लाल चंदन की माला से निम्न जाप करें-

'ॐ अंगारकाय विदमहे शक्ति हस्ताय धमिहि तन्नो भौमः प्रचोदयात्॥'

ऋण मुक्ति के उपाय- दीपावली की रात्रि को महालक्ष्मी पूजन के पश्चात् ऋण मोचन मंगल स्त्रोत का 21 बार पाठ करें।

गृह क्लेश निवारण के लिए- दीपावली के दिन से आरम्भ कर प्रत्येक माह के प्रथम शुक्रवार को नौ वर्ष से छोटी कन्याओं को भोजन करवाएं और दान-दक्षिणा दें। उनके चरण धोकर उस को अपने घर में छिड़कें।

भाग्य वृद्धि के लिए- माणिक्य, मूंगा, पुखराज रत्नों को एक साथ एक ही लॉकेट में जड़वाकर दीपावली के दिन गले में धारण करें।

☛ 2. वृषभ राशि वाले-

धन प्राप्ति के लिए- चार मुखी रुद्राक्ष गले में धारण करें।

☛ 3. मिथुन राशि वाले-

गृह क्लेश के लिए- मिट्टी के पात्र में सौंफ भरकर उसे दीपावली के दिन किसी सुनसान

स्थान पर जाकर मिट्टी में दबा दें।

बाधा निवारण के लिए- दीपावली के दिन से प्रत्येक शुक्रवार को मां भगवती की उपासना करें।

धन प्राप्ति के लिये- दीपावली के दूसरे दिन या (आनेवाले शनिवार) को पीपल के पांच पत्ते लेकर उन्हें किसी सूखे कुएं में डाल दें और मुड़कर न देखें और घर चले आवें।

आरोग्य प्राप्ति के लिए- दीपावली के दिन से प्रारंभ करके प्रतिदिन बुधवार को गायत्री मंत्र का 108 बार जाप करें।

गृह क्लेश के लिए- दीपावली की रात्रि लक्ष्मी देवी का ध्यान करते हुए निम्न मंत्र का जाप 108 बार करें।

'ॐ क्रां क्रीं क्रूं कालिका दैव्ये शां शीं शूं में शुभ कुरुं।'

☛ 4. कर्क राशि वाले-

धन प्राप्ति के लिए- दीपावली के दिन एक मुखी रुद्राक्ष गले में लॉकेट बनाकर पहनें।

आरोग्य प्राप्ति के लिए- कार्तिक शुक्ल द्वितीया से प्रारंभ कर प्रतिदिन चन्द्र गायत्री मंत्र का 108 मोती की माला से जाप करें।

गृह क्लेश के लिए- दीपावली की रात्रि से 108 की माला से जाप करें-

'ॐ क्रां क्रीं क्रूं कालिका दैव्यै नमः।'

भाग्य वृद्धि के लिए- मूंगा, पुखराज और मोती तीनों रत्नों को एक ही लॉकेट में जड़वाकर दीपावली के दिन गले में धारण करें।

☛ 5. सिंह राशि वाले-

धन प्राप्ति के लिए- दीपावली के दिन मरगज के गणेश जी का पूजन करें। प्रत्येक बुधवार को सवापाव दूध से अभिषेक करें तथा दूर्वा चढ़ावें।

गृह क्लेश के निवारण के लिए- दीपावली को सांयकाल सरसों के तेल से भरा हुआ पात्र किसी निर्जन स्थान पर गाड़ दें।

भाग्य वृद्धि के लिए- दीपावली के दिन पांच मुखी रुद्राक्ष की माला गले में धारण करें।

☛ 6. कन्या राशि वाले-

धन प्राप्ति के लिए- धन त्रयोदशी के दिन शंखपुष्पी की जड़ लाकर चांदी की डिबिया में रखकर दीपावली के दिन लक्ष्मी पूजन के स्थान पर रखकर पूजा करें तथा दूसरे दिन अपने तिजोरी में रखें।

गृह क्लेश निवारण का उपाय- दीपावली के दिन प्रारंभ करके प्रतिदिन घी का दीपक सांयकाल तुलसी के पास लगायें।

☛ 7. तुला राशि वाले-

धन प्राप्ति के लिए- दीपावली की रात्रि से निम्न मंत्र का 108 मोती की माला से जाप करें।

'श्रीं ह्रीं क्लीं श्री सिद्ध लक्ष्मै नमः'

आरोग्य प्राप्ति के लिए- दीपावली के दिन से प्रतिदिन 108 मोती की माला से निम्न जाप करें।

'ऊं भृगुजाय विद्यमहे दिव्य देहाय धीमहि तन्नो शुक्रः प्रचोदयात्॥'

☛ 8. वृश्चिक राशि वाले-

धन प्राप्ति के लिए- धन प्राप्ति के सभी कार्य गुरुवार के दिन से प्रारंभ करा करें।
भाग्य वृद्धि के लिए- त्रयोदशी के दिन दो मुखी रुद्राक्ष गले में धारण करें।

☛ 9. धनु राशि वाले-

धन प्राप्ति के लिए- धन त्रयोदशी के दिन चने की दाल निर्जन स्थान पर गाड़ दें।
गृह क्लेश निवारण के लिए- सोने के पलंग पर दो अलग-अलग गद्दे न बिछावें एक ही बड़ा गद्दा डालें।

☛ 10. मकर राशि वाले-

धन प्राप्ति के उपाय- कार्तिक शुक्ल प्रतिपदा के दिन से प्रारंभ कर शनिवार की रात्रि दस बजे के पश्चात एक नींबू के चार टुकड़े चौराहे पर खड़े होकर चारों दिशा में फेंक दें पीछे न देखकर वापस घर लौट आवें।
गृह क्लेश निवारण के लिए- कपूर मिश्रित नारियल तेल को सिर में लगावें।

☛ 11. कुंभ राशिवाले-

धन प्राप्ति के लिए- धन प्राप्ति के लेन-देन कार्य शुक्रवार के दिन से किया करें।
आरोग्य प्राप्ति के लिए- धन त्रयोदशी के दिन 108 मोती की माला से निम्न जाप करें।

'ऊं भवभवाय विद्यमहें मृत्यु रुपाय धीमहि तन्नों शनिः प्रचोदयात्।'

☛ 12. मीन राशि वाले

धन प्राप्ति के लिए- दीपावली के दिन से प्रत्येक मंगलवार को रोटी पर थोड़ी मात्रा में शक्कर लगाकर सफेद गाय को खिलाएं।
गृह क्लेश निवारण के लिए- दीपावली के दिन से प्रारंभ कर प्रत्येक बुधवार के दिन गणेशजी की पूजा करें और दूब (दूर्वा) चढ़ावें।

उपरोक्त दर्शाये गये सभी उपाय सरल, सुलभ हैं, संबंधित राशि वाले उसका अधिक से अधिक लाभ उठावें यह निवेदन है।

दीपावली पर ही टोने-टोटके क्यों?

टोने-टोटकों में विश्वास करने वाले वर्ष भर, अपने लाभ के लिए कुछ न कुछ करते रहते हैं। परंतु दीपावली के माह में वह कुछ ज्यादा ही सक्रिय हो जाते हैं। यहां तक कि कई नए लोग भी टोने-टोटकों के लिए इस पर्व को चुनते हैं, क्यों? आइए जानते हैं।

दीपावली का त्योहार आने से पूर्व लोग लक्ष्मी जी के आगमन के लिए घर में साफ-सफाई का कार्य शुरू कर देते हैं। पूरे जोश से हर कोई अपने-अपने घर को सजाने-संवारने में जुट जाता है क्योंकि सभी को दीपावली के त्योहार का बेसब्री से इंतजार रहता है, हो भी क्यों न आखिर इस त्योहार के आते ही हर घर रोशनी से जगमगाने जो लगता है। हर कोई दीपावली के दिन पूरे जतन से पूजा-अर्चना कर लक्ष्मी जी को प्रसन्न करने का प्रयास करता है। वहीं दूसरी तरफ कुछ ऐसे भी लोग होते हैं जिन्हें दीपावली के त्योहार का इंतजार अपनी अतृप्त इच्छाओं को तंत्र-मंत्र के माध्यम से पूर्ण करने के लिए होता है। जी हां, हमारे इस पढ़े-लिखे समाज में हजारों लोग ऐसे हैं जो कि दीपावली की अंधेरी रात में टोने-टोटके कर खुशियों को पाने की कोशिश करते हैं। एक तरफ जहां लोग मंगल आरती गाकर लक्ष्मी जी को प्रसन्न कर रहे होते हैं वहीं दूसरी तरफ बहुत से लोग टोने-टोटकों के जरिये दूसरों की खुशियों को छीनकर अपने लिए खुशियां तलाशने का प्रयास कर रहे होते हैं। आखिर क्या कारण है कि पूजा-अर्चना और रोशनी के इस पर्व पर तथाकथित पढ़े-लिखे लोग टोने-टोटके करने में जुटे रहते हैं। कारण जानने से पहले यह जानें कि दीपावली के समय में ही टोने-टोटके करने वालों की तादाद क्यों बढ़ जाती है?

☛ टोने-टोटके दीपावली के समय ही क्यों?

ज्योतिषाचार्य कोलाचार्य जगदीशानंद तीर्थ के अनुसार 'वैसे तो लोग अपनी जरूरतानुसार कार्य सिद्धि के लिए टोने-टोटके करते रहते हैं लेकिन होली-दीपावली के समय ऐसे लोगों की तादाद बढ़ जाती है। आम शब्दों में समझाया जाए तो इन दिनों में चंद्रमा और सूर्य की शक्ति कम हो जाती है यानी अंधेरी कार्तिक रातों में बुरी शक्तियां जागृत हो जाती हैं और

तंत्र-मंत्र के जो विशेष देवी-देवता होते हैं वो भी जागृत हो जाते हैं। इसलिए इन दिनों तंत्र-मंत्र के जरिये व्यक्ति की कार्य सिद्धि बहुत जल्दी हो जाती है। यह समय निकल जाने के बाद टोने-टोटके थोड़ा देर से प्रभावी होते हैं।'

☛ टोने-टोटकों के कारण

आधुनिक व पढ़े-लिखे समाज में जब सब तरफ विज्ञान ने अपना डंका बजाया हुआ है तो ऐसे में यह टोने-टोटके कैसे इस समाज में अपनी जगह बनाए हुए हैं। सुनने में अजीब लगता है लेकिन हकीकत यही है कि लोग पढ़े-लिखे होने के बावजूद तंत्र-मंत्र में खूब विश्वास रखते हैं, जिसके कुछ विशेष कारण इस प्रकार हैं।

☛ जल्द से जल्द पाने की चाहत

मनोवैज्ञानिक शिल्पी आस्था के अनुसार 'आज हर व्यक्ति जल्दी से जल्दी चीजों को हासिल करना चाहता है। लोगों के जीवन में इतना तनाव और अपेक्षाएं हैं कि वह किसी भी चीज के लिए इंतजार नहीं करना चाहते हैं। वो जल्द से जल्द पैसे कमाकर अमीर बन जाना चाहते हैं या फिर प्यार, बच्चा या जो उसके पास नहीं है वो उसे पाना चाहता है। इसी जल्दी के चक्कर में वो यह सोचना नहीं चाहता है कि इसके लिए वो सही रास्ता अपना भी रहें हैं या नहीं। उसे बस मतलब होता है कि उसकी चाहतें पूरी होनी चाहिए रास्ता चाहे कोई भी क्यों न हो। समाज में चाहे तरह-तरह के उदाहरण सामने आए हों, लेकिन अभी तक लोग सब कुछ जानते हुए भी जागना नहीं चाहते हैं। विज्ञान के नए-नए प्रयोगों के साथ आगे बढ़ रहे लोगों में अभी भी तमाम लोग ऐसे हैं जो इस दौड़ में पिछड़कर या रुककर अपनी लालसा पूरी करने के लिए तंत्र-मंत्र की छाया में पहुंच जाते हैं।'

☛ आत्मकेंद्रित होकर छिनने में विश्वास

आज के समय में लोग इतना ज्यादा आत्मकेंद्रित होते जा रहे हैं कि उन्हें दूसरे के दुख-दर्द से कुछ लेना-देना नहीं होता है। उन्हें इस बात से कुछ मतलब नहीं होता है कि जो दर्द उन्हें हो रहा है वो किसी और को भी हो सकता है या जिस चीज के नहीं होने से वो इतना ज्यादा दुखी हैं उतना ही दुख, वैसी ही परेशानी उस व्यक्ति को भी होगी जिससे वह टोने-टोटके के जरिये वो चीज छीनने का प्रयास कर रहा है। लोगों के दिमाग में यह रहता है कि आखिर दूसरे लोग क्यों खुश हो सकते हैं जब वो दुखी हैं। यही कारण है कि तंत्र-मंत्र के माध्यम से वो खुशी छीनने का प्रयास करता है।

☛ आसान व सपोर्टिव रास्ते की तलाश

लोग जब बिना किसी कष्ट के चीजों को पाने की इच्छा रखते हैं तो ऐसे में ऐसी चीजों के बारे

में पता लगाने में रहते हैं, जिनके माध्यम से उनकी इच्छाएं जल्द से जल्द पूरी हो जाएं और उन्हें टोने-टोटके ऐसा ही आसान माध्यम नजर आता है, जिससे उन्हें अपनी इच्छाओं को पूरा करने में सहयोग मिलता है। यदि उदाहरण के जरिये हम समझें तो जैसे कोई विद्यार्थी परीक्षा में पढ़ाई करने की बजाय फर्रे बनाकर परीक्षा केंद्र में ले जाता है उसे पढ़ाई करने की बजाय नकल करके पास होना आसान रास्ता व माध्यम नजर आता है। उसी प्रकार टोना-टोटका भी लोगों को आसान रास्ता लगता है। इसीलिए वह इस रास्ते पर चलने से कोई गुरेज नहीं करते हैं।

भ्रमित करने वाले विज्ञापनों की भरमार

आजकल मीडिया के नए-नए साधनों पर प्रदर्शित होने वाले विज्ञापन जिनमें तंत्र-मंत्र के जरिये निराश-हताश या फिर वशीकरण, प्रेम पाने व सफलता हासिल करने का जिक्र किया होता है। ऐसे में जो व्यक्ति निराश होता है व जल्दी सफलता हासिल करने का इच्छुक होता है वो ऐसे विज्ञापनों को पढ़कर तंत्र-मंत्र के रास्ते पर चल पड़ता है। अगर कहीं गलती से या भाग्यवश उसको सफलता मिल जाती है तो इसके लिए वो तंत्र-मंत्र को ही जिम्मेदार मानने लगता है और दीपावली के समय में इसी के जरिये कार्य सिद्धि करने में लगा रहता है।

क्या करें?

अब प्रश्न उठता है कि तनाव तो हर व्यक्ति के जीवन में है। सुख-दुख तो लगा ही रहता है, कुछ इच्छाएं ऐसी भी होंगी जो पूरी होंगी और कुछ ऐसी भी जो पूरी नहीं हो सकेंगी। ऐसी स्थिति में क्या सभी व्यक्ति टोने-टोटकों का सहारा लेने लगेंगे। इसका उत्तर है नहीं बिल्कुल नहीं। विशेषज्ञों के अनुसार टोने-टोटके केवल एक भ्रम मात्र हैं यह व्यक्ति के मन को तसल्ली देने के लिए एक साधन मात्र हैं। यदि किसी को तनाव है या परेशानी है तो अपने किसी विश्वासी व्यक्ति के साथ बात करें। उसे अपनी समस्या बतायें। सबसे बड़ी बात यह है कि किसी का कुछ भी छीनकर हम खुश कैसे रह सकते हैं। दूसरे के दर्द को भी महसूस करें। जो भी कोई शक्ति इस दुनिया को चला रही है उस शक्ति पर विश्वास करें न कि किसी टोने-टोटके वाले बाबा की शरण में जाएं। तंत्र-मंत्र आपको कभी सुखी जीवन नहीं दे सकता है। यह केवल गलत रास्ते पर ले जाकर आपको तबाह करने में मदद करता है। अपने कर्म पर विश्वास करें, शॉर्टकट की जगह मेहनत और लगन से कार्य को पूरा करें। जो चीज आपको जिस समय पर मिलनी होगी वो तभी मिलेगी क्योंकि समय से पहले और भाग्य से ज्यादा न आज तक किसी को मिला है न ही मिलेगा।

उपहार जो मन को भी भाए और समृद्धि भी लाए

दीपावली के पर्व पर जहां लक्ष्मी पूजन किया जाता है, वहीं अपने सगे सम्बंधियों को उपहार देने का भी चलन है। ऐसे में दीपावली पर क्या उपहार दें जो न सिर्फ उन्हें अच्छा लगे अपितु घर की सुख-समृद्धि में भी लाभदायक हो? आइए जानते हैं।

प्रकाश का त्योहार माने जाने वाला दीपावली का त्योहार सामाजिक व धार्मिक दोनों ही दृष्टि से बेहद महत्त्वपूर्ण माना गया है। जहां एक ओर इस दिन मां लक्ष्मी और प्रथम पूज्य गणेश जी की आराधना पूरे दिल के साथ की जाती है, वहीं प्रियजनों को उपहार देने की प्रथा भी इस त्योहार में सम्मिलित है। वैसे भी कोई भी खुशी तब तक पूरी नहीं होती, जब तक उसमें अपनों का साथ न हो। अगर इस दीपावली आप भी ऐसा उपहार देने का मन बना रहे हैं, जो न सिर्फ प्रेम व आपसी संबंधों की डोर को मजबूत करे, बल्कि आपके करीबियों के जीवन में सकारात्मकता और खुशहाली भी लाए, तो आप वास्तु अनुसार उपहार का चयन करें। तो चलिए जानते हैं दीपावली में उपहार स्वरूप क्या दें और क्या नहीं?

☛ बिन दीए, अधूरी दीपावली

दीपावली को दीपोत्सव के नाम से भी जाना जाता है। अर्थात् दीपों का उत्सव। उपनिषदों में भी कहा गया है कि 'तमसो मा ज्योतिर्गमय' अर्थात अंधेरे से ज्योति, अर्थात प्रकाश की ओर जाइए। ऐसे में दीयों से बेहतर तोहफा और क्या हो सकता है। अगर आप अपने किसी करीबी को दीए देने का मन बना रहे हैं तो कोशिश करें कि वह मिट्टी के बने हों। यह ईको-फ्रेंडली तो होते हैं ही, साथ ही इस तरह के दीयों के प्रयोग से बहुत से स्वरोजगारियों को भी लाभ होता है और इस तरह आप कई लोगों की दुआएं भी उपहार में भेंट करते हैं। आप एक थाली में सजाकर इन दीयों को उपहार स्वरूप दे सकते हैं। इसके अतिरिक्त लाइट की लड़ियां आदि भी गिफ्ट की जा सकती हैं।

☛ शीशे का सामान

उपहारस्वरूप में शीशे के शोपीस बने हुए देना भी अच्छा माना जाता है। खासतौर से, बेल्जियम ग्लास व क्रिस्टल ग्लास के बने हुए शोपीस ही दें। जब आप इस तरह के गिफ्ट किसी को देते हैं, तो इससे आपके बीच का कनेक्शन बढ़ता है। साथ ही यह आपके आभामंडल को भी बढ़ाते हैं। इसमें से निकलने वाला सतरंगी प्रकाश अर्थात् पिराज्म पॉजिटिविटी क्रिएट करता है, जो रिश्तों को मधुर बनाने का काम करता है।

☛ मंगल कलश

कोई भी शुभ कार्य मंगल कलश के बिना अधूरा ही माना जाता है। दीपावली की पूजा के दौरान व पूजाघर में भी मंगल कलश की स्थापना की जाती है। इसके पीछे का ध्येय होता है कि जीवन में सभी कुछ मंगल ही मंगल हो। ऐसे में आप अपने किसी प्रियजन को क्रिस्टल, पीतल, चांदी, मिट्टी व अन्य किसी धातु का मंगल कलश लाल कपड़े में लपेटकर व उसके ऊपर नारियल रखकर दें। जब आप इस तरह का उपहार किसी को देते हैं तो इसका तात्पर्य होता है कि आपकी शुभकामनाएं उनके साथ हैं और आप चाहते हैं कि उनके जीवन में कुछ भी अमंगल न हो।

☛ नट्स

दीपावली पर नट्स जैसे बादाम, काजू, किशमिश, अखरोट आदि देने का काफी चलन है। नट्स को जब अच्छी तरह गिफ्ट पैक करके किसी को दिया जाता है, तो इसका तात्पर्य होता है कि आप उनके सेहतमंद होने की कामना कर रहे हैं। वैसे भी नट्स को हर रूप में हेल्दी ही माना जाता है। सेहत की शुभकामनाओं के साथ-साथ इससे पॉजिटिविटी मिलती है।

☛ बंदनवार

किसी भी शुभ अवसर पर लोग अपने घर के मुख्य द्वार पर बंदनवार अवश्य लगाते हैं। खासतौर से, दीपावली के अवसर पर तो कई तरह की बंदनवार जैसे लक्ष्मी-गणेश, पत्तों, आर्टिफिशियल फूलों आदि मार्केट में मिलती है। इस तरह की बंदनवार को उपहारस्वरूप देना अच्छा विचार हो सकता है। दरअसल, घर में खुशियां मुख्य द्वार से ही आती है और आपने जब किसी अपने के घर के मुख्य द्वार को ही पॉजिटिव बना दिया तो फिर उसका कुछ भी अहित किस प्रकार हो सकता है।

☛ समय बदलेगी घड़ी

दीपावली के शुभ अवसर पर घड़ी गिफ्ट करना भी वास्तु में अच्छा माना जाता है। आप चाहें तो हाथ पर बांधने वाली घड़ी दें या फिर वॉल क्लॉक, दोनों ही पॉजिटिविटी क्रिएट करते हैं।

अगर आप किसी को वॉल क्लॉक गिफ्ट कर रहे हैं तो पेंडुलम वाली घड़ी उपहार में दें। हर घंटे बाद जब इसकी मधुर ध्वनि निकलती है तो यह घर की खामोशी को तोड़कर चहल-पहल का वातावरण पैदा करती है अर्थात यह जीवन में ऊर्जा का संचार करती है। फेंगशुई में भी पेंडुलम वाली घड़ी को घर में लगाना काफी अच्छा माना गया है।

☛ दें बच्चों को खिलौने

अक्सर लोग दीपावली के मौके पर बच्चों को बहुत सी मिठाई व चॉकलेट देते हैं लेकिन इसके स्थान पर बच्चों को टॉय देना चाहिए। जहां बाजार की बनी मिठाई व अन्य सामान बच्चों के स्वास्थ्य पर विपरीत प्रभाव डालते हैं, वहीं खिलौने उनके चेहरे पर एक बड़ी सी मुस्कान ले आते हैं। वैसे भी दीपावली का त्योहार सबके साथ खुशियां बांटने का अवसर है। इसलिए ध्यान रखें कि इस खुशी के मौके पर आप बच्चों को नजरअंदाज न करें।

☛ कैंडल्स

दीपावली पर बहुत से लोग आपस में कैंडल्स भी उपहारस्वरूप देते हैं। अगर आप भी ऐसा ही मन बना रहे हैं तो अरोमा कैंडल्स का चयन करें। अरोमा कैंडल्स को जब जलाया जाता है, तो उससे भीनी-भीनी खुशबू निकलती है। वास्तु में भी अरोमा की मदद से कई वास्तुदोषों का निवारण किया जाता है। अरोमा वातावरण की गंदी स्मैल को दूर करके आपके मन मस्तिष्क को शांत करती है और एक पॉजिटिविटी क्रिएट करती है।

☛ विंड चाइम्स

फेंगशुई में विंड चाइम्स को घर में लगाना बेहद ही सुखदायी माना गया है। किसी भी शुभ अवसर व त्योहार पर विंड चाइम्स को गिफ्ट किया जा सकता है। जब भी आप किसी को विंड चाइम दें तो ध्यान रखें कि उसमें छह या सात पाइप हों। अगर किसी का घर वेस्ट फेसिंग हैं तो उन्हें सात पाइप वाली विंड चाइम देनी चाहिए। अगर वह इसे अपने घर के मुख्य द्वार पर लटकाते हैं तो उनके घर का धातु तत्त्व एक्टिव होता है। साथ ही शनि का दुष्प्रभाव भी कम होता है। वहीं अगर आपको किसी से विंड चाइम उपहारस्वरूप मिली है तो आप 6 पाइप वाली विंड चाइम को नार्थ वेस्ट में और 7 वेस्ट में ही लगाएं।

☛ लॉफिंग बुद्धा

फेंगशुई में लॉफिंग बुद्धा को गिफ्ट करना काफी अच्छा माना जाता है। लेकिन इसे गिफ्ट करने से पहले एक बार अच्छी तरह चेक करें कि वह खंडित न हो। इसे घर में कुछ इस तरह स्थापित किया जाना चाहिए कि जब भी कोई घर में आए तो उसकी नजर सबसे पहले लॉफिंग बुद्धा पर पड़े या फिर लॉफिंग बुद्धा उसे देखे। लॉफिंग बुद्धा को हैप्पी मैन भी कहा जाता है। माना जाता है कि लॉफिंग बुद्धा सबकी खुशियों की कामना करता है।

☛ लव नॉट

अगर आपके किसी प्रियजन की नई-नई शादी हुई है तो दीपावली के मौके पर आप उन्हें लव नॉट (Knot) गिफ्ट करें। लव नॉट पति-पत्नी के आपसी संबंधों को प्रगाढ़ बनाता है और जब आप उन्हें इस तरह का उपहार देते हैं तो आप उनके मधुर संबंधों की कामना करते हैं।

☛ फलों

अगर आपको समझ ही नहीं आ रहा है कि आप किस तरह का उपहार दें तो फलों को टोकरे में पैक कराकर दिया जा सकता है। फल बेहतर स्वास्थ्य को अंकित करते हैं और दीपावली के शुभ अवसर पर फल देने का तात्पर्य है कि आप चाहते हैं कि आपके प्रियजन का स्वास्थ्य हमेशा ही अच्छा रहे।

☛ इन्हें भी करें गिफ्ट

उपरोक्त लिखी सभी चीजों के अतिरिक्त आप किसी को क्रॉकरी उपहारस्वरूप दे सकते हैं। लेकिन ध्यान रखें कि वह ग्लॉस, स्टील की ही बनी हो। तांबे व लोहे से बने किसी भी तरह के बर्तन व क्रॉकरी आदि को देने से परहेज करें।

वहीं पढ़ने-लिखने वाले बच्चों को पेन का जोड़ा भी गिफ्ट में दिया जा सकता है। कभी भी सिंगल पेन गिफ्ट न करें। पेन का जोड़ा गिफ्ट करने का तात्पर्य है कि उनके ऊपर हमेशा मां सरस्वती की कृपा बनी रहे और वह अपने करियर में नई ऊंचाईयों को छुएं।

इसके अतिरिक्त लेडीज व जेंट्स के पर्स को भी भेंट करना अच्छा रहता है। लेकिन कोशिश करें कि आप इसमें ब्लैक रंग का चयन न करें। सेलिब्रेशन के कलर्स रेड, येलो व ऑरेंज माने गए हैं।

☛ इनसे करें परहेज

वहीं कुछ ऐसे भी उपहार होते हैं, जिन्हें कभी भी किसी को गिफ्ट नहीं करना चाहिए। यह आपसी संबंधों को विपरीत रूप से प्रभावित करने के साथ-साथ नकारात्मकता का संचार भी करते हैं। इसलिए जहां तक संभव हो, इनसे बचना चाहिए।

- ◆ मसलन, अगर आप किसी को भोजन बनाकर दे रहे हैं तो वह नॉन वेज नहीं होना चाहिए। आप घर में बनी मिठाई या सब्जी पूरी आदि खिला सकते हैं।
- ◆ वहीं अगर आप किसी देवी-देवता की तस्वीर उपहार में दे रहे हैं तो सिर्फ उसका मुख ही भेंट न करें। आजकल मार्केट में विभिन्न देवी-देवताओं के मुख आकर्षक रूप में मिलते हैं, लेकिन इन्हें गिफ्ट करना अच्छा नहीं माना जाता। हमेशा देवी-देवता की पूरी तस्वीर या प्रतिमा ही दें, भले ही वह साइज में छोटी हो।

- फेंगशुई व वास्तु में ऐसी चीजें उपहार में नहीं देनी चाहिए जो काटने या चुभन का एहसास कराती हों, जैसे शेविंग ब्लेड, चाकू या कैंची आदि। माना जाता है कि यह चीजें संबंधों को काटती हैं। इसलिए हमेशा ऐसी चीजें देनी चाहिए जो संबंधों को काटने नहीं, बल्कि जोड़ने का काम करे।
- जो चीजें कड़वी या खट्टी होती है, जैसे अचार आदि उन्हें त्योहारों पर गिफ्ट न दें। माना जाता है कि ऐसी चीजें संबंधों में कड़वाहट घोलती है।
- आजकल फेडेड और रस्टिक चीजें काफी चलन में हैं। लेकिन इस तरह की फेडेड, कटी-फटी जींस, कपड़े या जंग लगे हुए मॉडर्न शोपीस या मॉडर्न आर्ट पीस को कभी भी इस मौके पर बिल्कुल भी न दें।
- फेंगशुई के अनुसार, किसी को रूमाल देना भी अच्छा नहीं माना जाता। इसलिए इसे देने से भी परहेज करें।
- एनिमल पार्टस की बनी हुई चीजें जैसे लेदर या दांत, पंजे, सींग, हड्डियों व पंख आदि बनी हुई चीजें नहीं देनी चाहिए। माना जाता है कि इससे उस पशु की दुर्भावना भी साथ में आती है। इस तरह के शोपीस व सामान को तैयार करने में पहले उस पशु की हत्या की जाती है। इसलिए डेडबॉडी के पार्ट से बनी हुई चीजें दीपावली पर गिफ्ट करना उचित नहीं माना जाता।

क्यों जलाते हैं हम दीपावली पर दीये?

दीपावली को दीपों का पर्व कहा जाता है, क्योंकि इस दिन हम सभी दीए जलाते हैं। दीपों के इस प्रकाश से अमावस्या की काली रात भी जगमगा उठती है। आखिर क्यों जलाते हैं हम दीपावली पर दीपक, क्या है इसका महत्त्व? आइए जानें।

दीपावली पर्व जो कि दीपों का पर्व है, में किया हुआ दीपदान लाभकारी व दुख निवारक होता है। मां लक्ष्मी की और यम व भगवान श्रीकृष्ण और अन्य देवताओं की भी पूजा इन अवसरों पर करके दीपदान करने से धन की कमी दूर होती है व मनुष्य सुख समृद्धि प्राप्त करता है, क्योंकि मां लक्ष्मी की कृपा के बिना मनुष्य की समस्त इच्छाएं अधूरी रहती हैं व वह श्रीहीन हो जाता है। इसे दूर करने के लिए यह दीपावली पर्व का अवसर विशेष है।

☛ श्री राम की विजय और दीपदान

अंधकार से प्रकाश की ओर तथा असत्य से सत्य की ओर जाने की आकांक्षा का प्रतिपादन करते हुए दीपावली के नन्हें-नन्हें मिट्टी के दीपक, कार्तिक मास के कृष्ण पक्ष की अमावस्या की गहन रात्रि में टिमटिमाते हुए सभी का हर्ष व उल्लास से अभिनन्दन करते हैं और उज्ज्वल भविष्य का संदेश देते हैं- **'असतो मा सद्गमय तमसो मा ज्योतिर्गमय'**। इनसे हमें अंधकार से लड़ने की प्रेरणा मिलती है। दीपावली भारतवर्ष का सर्वोपरि त्योहार है जो भारतीय संस्कृति व सभ्यता को सर्वांगीण परिलक्षित करता है। विशेष रूप से इसका संबंध भगवान श्रीरामचन्द्र के लंकापति राक्षसराज रावण का वध कर अयोध्या वापसी से है। कथा कहती है कि श्री राम रावण युद्ध में रावण की मृत्यु और श्रीराम की त्रिजय को असत्य पर सत्य की विजय माना जाता है तथा प्रकाश की अंधकार पर विजय के रूप में इसे देखा जाता है। इस दिन

भगवान राम को अयोध्या के राजसिंहासन पर सुशोभित कर गुरु वशिष्ठ ने राज्याभिषेक कर रामराज्य की स्थापना की थी और इस उत्सव का यह दीपावली पर्व साक्षी बना। घर-घर दीप जलाए गए।

☛ धनतेरस और दीपदान

दीपावली पर्व का प्रारंभ कार्तिक मास की कृष्ण पक्ष की तेरहवीं तिथि अर्थात् तेरस से हो जाता है। इसे धनतेरस के नाम से जाना जाता है या यूं कहा जाए कि धनतेरस को ही दीपावली पर्व के आगमन की पूर्व सूचना कहा जाना चाहिए। दैत्यों और दानवों ने जब समुद्र-मन्थन किया तो उसमें से जो 14 रत्न निकले, उनमें धन्वन्तरि वैद्य और लक्ष्मी प्रमुख रूप से प्राप्त हुई थीं। इस दिन ये भगवान धन्वंतरि अमृत कलश लेकर समुद्र से प्रकट हुए थे जो कि सभी वैद्यों के आराध्य हैं। इस दिन को धन्वंतरि जयन्ती के नाम से भी जाना जाता है। उल्लेखनीय है कि भगवान धन्वंतरि ने देवताओं को अमृत पान करा दिया जिससे कि वे अमरत्व को प्राप्त हुए, इस कृत्य का दैत्यों ने पुरजोर विरोध भी किया था। चूंकि भगवान धन्वंतरि भगवान विष्णु के अंश से अवतरित हैं इसलिए इन्हें देव पद प्राप्त हुआ। ऐसी मान्यता है कि इनका पूजन करने से रोग दूर होते हैं और स्वास्थ्य लाभ होता है। इन्हें आरोग्य का देवता व आयुर्वेद का प्रवर्तक मानकर वैद्य समाज इनकी पूजा विशेष रूप से करता है। इसलिए इस दिन भगवान धन्वंतरि के पूजन को महत्त्वपूर्ण माना जाता है। वेदों में भी धनतेरस का यथोचित वर्णन आता है। इस दिन घर के पुराने टूटे-फूटे बर्तनों को बाजार में बेचकर उसके बदले में नए बर्तन खरीदने का प्रचलन है। विशेष तौर पर चांदी के बर्तनों का खरीदना अति शुभ माना जाता है। इस दिन घर में लक्ष्मी का आवास भी माना जाता है।

☛ लक्ष्मी पूजा और दीपदान

इसी संदर्भ में एक कथा आती है कि एक बार भगवान विष्णु जी पृथ्वी पर लक्ष्मी जी सहित भ्रमण करने आए तो उन्होंने कुछ सोचकर लक्ष्मी जी को कहा कि 'मैं दक्षिण दिशा की ओर जा रहा हूं, तुम यहां पर ही ठहरकर मेरी प्रतीक्षा करना।' लेकिन लक्ष्मी जी तो चंचला हैं वे इस बात को न मानकर भगवान विष्णु जी के पीछे-पीछे चल दीं। कुछ दूर चलने पर एक बहुत ही मीठे गन्नों का खेत देखकर लक्ष्मी जी अपने को रोक न पाईं और एक गन्ना तोड़कर चूसने लगीं और जब विष्णु भगवान लौटकर आए और उन्होंने उन्हें गन्ना चूसते हुए देखा तो क्रोधित होकर बोले कि 'जिस किसान का गन्ना तुमने चूसा है, उसके यहां 12 वर्ष तक रहोगी और उसकी सेवा करोगी, यह मेरा शाप है'।

भगवान विष्णु तो वापस क्षीर सागर लौट आए लेकिन लक्ष्मी जी ने वहां पर किसान के घर में रहकर, उसे धन-धान्य से परिपूर्ण करके समृद्ध कर दिया। वह अत्यंत सुखी हो गया।

12 वर्ष बाद लक्ष्मी जी को विष्णु भगवान बुलाने आए और वह जाने लगीं तो किसान ने उन्हें जाने से रोक लिया तब विष्णु भगवान ने उसे समझाया और कुछ कौड़ियां उसे देकर कहा कि 'तुम परिवार सहित गंगाजी जाकर स्नान करो और इन कौड़ियों को गंगाजी में छोड़ देना।' किसान जब सपरिवार गंगा जी पहुंचा और स्नान करने के बाद वे कौड़ियां गंगाजी में छोड़ने लगा तो चार भुजाएं बाहर आईं और वे कौड़ियां ग्रहण कर लीं तो किसान ने बड़े ही अनुनय-विनय से प्रार्थना की तो गंगा जी ने साक्षात् दर्शन देकर कहा कि ये चार भुजाएं मेरी ही हैं, तुम यह बताओ कि 'ये कौड़ियां तुम्हें किसने दी है?' तो किसान ने बताया कि 'एक स्त्री और पुरुष घर में हैं और साकार दृष्टान्त बताया।' तब गंगा जी ने उसे कहा कि 'तुम्हारे घर पर वे साक्षात् भगवान विष्णु और लक्ष्मी जी हैं। तुम उस स्त्री रूप में लक्ष्मी जी को मत जाने देना, नहीं तो तुम फिर से निर्धन हो जाओगे।'

किसान ने गंगा जी के कहे अनुसार लक्ष्मी जी को नहीं जाने दिया। तब किसान नहीं माना तो भगवान विष्णु ने और लक्ष्मी जी ने अपने वास्तविक रूप में उसे दर्शन दिए तथा भगवान विष्णु ने उसे बताया कि 'लक्ष्मी जी मेरे शाप के कारण ही तुम्हारे घर रह रही हैं और तुम्हारी सेवा कर रही हैं। लक्ष्मी जी तो वैसे ही चंचल स्वभाव की हैं। इन्हें तो बड़े-बड़े ज्ञानी नहीं रोक पाए तो तुम कैसे रोक सकते हो।' उसकी प्रार्थना से प्रसन्न होकर लक्ष्मी जी बोली कि 'कल धनतेरस है और यदि तुम अपने घर को स्वच्छ कर रात्रि में घी का दीपक जलाकर रखोगे तो मैं तुम्हारे घर आऊंगी, मैं तुम्हें दिखाई नहीं दूंगी, तुम मेरी पूजा करना तब ही मेरा वास तुम्हारे घर में होगा।' किसान ने लक्ष्मी जी के कहे अनुसार कार्य किया और वह फिर से धन-धान्य से पूर्ण होकर वैभवशाली जीवन बिताने लगा। इसका अनुसरण करते हुए तब से धनतेरस को सभी लोग लक्ष्मी जी का यथा विधि पूजन करते हैं।

☛ यमराज और दीपदान

इस दिन यमराज को दीपदान करने की प्रथा भी है। यमराज के निमित्त आटे का दीपक बनाकर और सरसों का तेल डालकर चार रूई की बत्तियां इसमें स्थापित कर घर के मुख्य द्वार पर रखने का विधान है। यह पूजा कार्य रात को घर की स्त्रियां या कहीं-कहीं पर पुरुषों द्वारा भी किया जाता है। जल, रोली, चावल, फूल, मीठा, नैवेद्य आदि से अर्पण कर पूजन किया जाता है। यमराज को दीप दान के पीछे यह कथा प्रचलित है कि एक बार यमराज ने अपने यमदूतों से पूछा कि जब तुम प्राणियों के प्राण हरण करते हो तो, तुम्हारे मन में दया के भाव आते हैं, मन पसीजते हैं? तो यमदूत बोले जी हां महाराज हमें कई बार ऐसा अनुभव होता है कि हमारा कृत्य अनुचित है लेकिन क्या करें, हमारा कर्तव्य हमें वैसा करवाता है, कोई और उपाय भी नहीं है। यमदूत ने आगे कहा कि एक बार एक प्रसंग इसी प्रकार हुआ कि एक राजा का सुन्दर राजकुमार जिसकी कुण्डली में लिखा था कि विवाह के चार दिन बाद

ही मर जाएगो, के प्राण हरण करते हुए हमें बहुत दुख हुआ, क्योंकि उसने एक राजकुमारी पर मोहित होकर गन्धर्व विवाह कर लिया था और वह चौथे दिन ही हमारे मृत्युपांश में बंध गया। महाराज दोनों ही इतने सुन्दर युगल थे कि हम वर्णन नहीं कर सकते। उसकी पत्नी के रुदन को सुनकर हम विचलित हो गए थे, क्या कोई उपाय है महाराज? तब महाराज बोले कि इस अकाल मृत्यु से बचने का उपाय है कि धनतेरस वाले दिन मेरा पूजन और दीपदान करना चाहिए, अकाल मृत्यु से छुटकारा पाने का यही एक उपाय है। जहां पर यह पूजन होता है, वहां अकाल मृत्यु का भय नहीं है। और फिर उन्होंने पूजन की विधि समझाई। इस प्रकार धनतेरस वाले दिन धन्वंतरि पूजन, लक्ष्मी पूजन और यमराज पूजन का प्रचलन है।

दीपदान दे सौ वरदान

यज्ञ-अग्नि से जन्में दीप को सभी ज्योतिपूंजों में श्रेष्ठ माना जाता है। अंधकार को भेद कर मानव मात्र के हृदय में नवचेतना का प्रकाश भरने वाला दीप, लोककल्याण के लिए आत्म-बलिदान से भी पीछे नहीं रहता। भारतीय सभ्यता व संस्कृति का दीप से गहरा नाता है। एक नन्हा-सा दीप सारी निराशा व अंधकार के बीच भी आशा का प्रकाश बिंदु जगमगाना चाहता है।

पुराणों के अनुसार कार्तिक मास में दीपदान की बड़ी महिमा मानी जाती है। इस माह में संध्या समय गौशाला, घाट, मंदिर, घर, नदी, तट, सड़क किनारे व अंधकार से भरे रास्तों पर दीप जलाने वाला व्यक्ति नरक के भय से मुक्त हो जाता है।

कार्तिक मास को दीपों का उत्सव कहा जाए तो अनुचित नहीं होगा। पूरा मास जब हर स्थान पर जगमगाते दीप दिखाई देते हैं तो दीपमालिका पर्व के आने का संकेत मिल जाता है। आश्विन पूर्णिमा से कार्तिक पूर्णिमा तक पूरा माह प्रातः व संध्याकाल में दीप दान किया जाता है किंतु कार्तिक माह के कृष्ण पक्ष की त्रयोदशी, चतुर्थी व अमावस्या को विशेष रूप से दीपदान का विधान है।

कार्तिक मास की त्रयोदशी को धनतेरस मनाई जाती है। इस दिन अकाल मृत्यु से रक्षा के लिए यम को दीपदान दिया जाता है व नैवेद्य समर्पित करते हैं। एक पौराणिक प्रसंग के अनुसार यमराज ने स्वयं अपने दूतों को यह उपाय बताया था। तब से आज तक इस दिन घर से बाहर दक्षिण की ओर तिल का दीया जलाकर यम को दीपदान देने का विधान चला आ रहा है।

कार्तिक कृष्णा चतुर्दशी को भगवान कृष्ण ने पृथ्वी को नरकासुर के अत्याचारों से मुक्ति दिलाई थी। मृत्यु के पश्चात् नरक में न जाना पड़े अतः यमराज के सेवक श्वानों के लिए चतुर्दशी को दीपदान होता है।

दीपावली तो है ही 'दीपों की अवलि' अर्थात् दीपों की झिलमिलाती पंक्तियां। दीपावली कार्तिक मास की अमावस्या को मनाई जाती है। उस दिन नन्हा सा दीपक मानो यही प्रेरणा देता है।

जलते दीपक के प्रकाश में
अपना जीवन-तम मिटा दें
उसकी उज्जल किरणों से
मन में पावन ज्योति जगा दें।

दीप-पुंज से निकलने वाला प्रकाश संक्रामक रोगों के कीटाणुओं को तो नष्ट करता ही है, साथ ही तेल का सुगन्धित धुआं हर जगह व्याप्त हो कर नस्य-प्रणाली के द्वारा मस्तिष्क को आप्यायित कर देता है। माना जाता है कि इन तीन दिनों में लक्ष्मी स्वयं तेल के दीपक में विराजती हैं।

कार्तिक मास में 'आकाशदीप के दान' का भी विधान है। जिसे हम बोलचाल की भाषा में 'कण्डील' कहते हैं। पहले-पहल लंबे बांस के डंडे के सिरे पर दीप लटका कर आकाशदीप बनाया जाता था जो घने अंधकार में पथिकों को राह दिखाता था। इस प्रकार इन आकाशदीपों के दान का बड़ा पुण्यफल माना जाता था।

हमारी धार्मिक मान्यताओं के अनुसार इसे पितरों का मार्ग प्रशस्त करने का साधन माना जाता रहा है। पुराणों का कहना है कि आकाशदीप दान करने वाला परलोक में मोक्ष पाता है वह इस लोक में भी अभूत संपदा का भागी होता है।

विद्युतचालित उपकरणों व यंत्रों ने पारंपरिक आकाशदीप को अप्रचलित कर दिया है। संभवत: दीपावली जगमाती रोशनियों की कतारें व आधुनिक बनावट के कण्डील इसी भावना का पोषक करते हैं।

कार्तिक मास के जलते दीपक नियमित रूप से समय पर उठकर दीपदान देने की परंपरा को जीवित रखते हैं। इस माह में दीपदान का शास्त्रीय विधान संभवत: इसलिए बना कि वर्षा ऋतु से उत्पन्न सार्वजनिक स्थानों पर व्याप्त होने वाले विषैले जीव-जंतुओं का समूल नाश हो सके।

प्रकाश ज्ञान का ही दूसरा रूप है। अंधकार से भटकते मानव समाज को प्रकाश दान कर सन्मार्ग पर लाने की चिरंतन भावना का प्रतिरूप है दीप।

दीपक जलाने के लाभ

किसी भी देवी-देवता के पूजन या आरती में दीप जलाना सबसे महत्त्वपूर्ण कर्म होता है। इसके बिना आप अपने ईष्ट-आराध्य की अर्चना नहीं कर सकते। हमारे यहां दीपक का इतिहास काफी पुराना है। आइए हमारी प्राचीन संस्कृति से जुड़े दीपक के गुण, वास्तु लाभ तथा पूजन से संबंधित नियमों को जानें।

दीपक न केवल पूजा के लिए प्रयोग होता हैं बल्कि पूजन के साथ-साथ दीपक जीवन का गूढ़ संदेश भी देता है कि जिस प्रकार एक दीपक अंधेरे को दूर कर देता है ठीक उसी प्रकार हमें भी हमारा स्वभाव ऐसा ही बनाना चाहिए। सही समय और सही तरीके से दीपक जलाने से सभी देवी-देवता तो प्रसन्न होते ही हैं साथ ही दीपक जलाने के और भी अनेक लाभ हैं।

☛ वास्तु लाभ

वास्तु के अनुसार दीपक से कई प्रकार के वास्तु दोष स्वतः ही समाप्त हो जाते हैं। दीपक से निकलने वाला प्रकाश नकारात्मक ऊर्जा का प्रभाव खत्म कर देता है और सकारात्मक ऊर्जा सक्रिय करता है। दीपक से निकलने वाला धुआं वातावरण में मौजूद कई ऐसे सूक्ष्म कीटाणुओं को नष्ट कर देता है जो हमारे स्वास्थ्य को नुकसान पहुंचा सकते हैं।

पूजन-अर्चन में दीपक जमीन पर नहीं रखना चाहिए बल्कि दीप को अक्षत या पुष्प पर रखना चाहिए। प्रतिदिन सूर्यास्त तक दीपक प्रज्वलित कर लेने से लक्ष्मी की प्राप्ति होती है। दीप जलाते समय इस मंत्र जाप से घर में धन-धान्य की कमी नहीं रहती और सभी सदस्यों की आय में बढ़ोतरी होती है। मंत्र इस प्रकार है।

शुभं करोतु कल्याणंमारोग्यं सुखसंपदम्।
शत्रुबुद्धिविनाशाय च दीपज्योतिर्नमोस्तु ते।।

आजकल घी के दीपक का प्रयोग कम होता जा रहा है। मिट्टी का बना दीपक जलाने से ना सिर्फ सुंदरता आती है बल्कि वहां उपस्थित नकारात्मक शक्तियों का भी नाश होता है। मिट्टी से बने 'घी' के दीपक से मन में सात्विक विचारों का जन्म होता है।

☛ इन बातों का रखें ध्यान

- देवताओं के घी का दीपक अपनी बायीं ओर तथा तेल का दीपक दायीं ओर लगाना चाहिए।
- देवी-देवताओं के लिए जलाया गया दीपक पूजन कार्य के बीच बुझना नहीं चाहिए।
- दीपक हमेशा भगवान के सामने ही लगाएं।
- घी के दीपक के लिए सफेद रुई की बत्ती लगाएं।
- तेल के दीपक के लिए लाल बत्ती का उपयोग किया जाना चाहिए।
- दीपक कहीं से खंडित या टूटा नहीं होना चाहिए।

☛ दीपक की लौ का प्रभाव

पूजा के समय अगर दीपक की लौ दाहिनी तरफ झुकती है तो यह शुभ फल मिलने का संकेत है। दीपक की लौ का रंग अगर ज्यादा नीलापन लिए हो तो पूजा का शुभ फल कम हो जाता है। पूजा में दीपक की लौ अस्थिर हो तो भी अच्छा नहीं माना जाता है। ये संकेत अनावश्यक व्यय होने का है। दीपक की बड़ी लौ का इशारा आपके हर काम पूरे होने की तरफ होता है। दीपक की लौ अगर स्थिर, बड़ी और एक समान होती है तो समझना चाहिए आप पर बहुत जल्दी लक्ष्मी प्रसन्न होने वाली हैं। अगर आरती करते समय दीपक बुझ जाता है तो अपशकुन माना जाता है।

☛ कौन सा दीपक कब जलाएं?

- व्यापार में वृद्धि तथा मनोकामनाओं की पूर्ति के लिए शाम के समय घी का दीपक जलाना चाहिए।
- शत्रुओं से अपनी रक्षा के लिए तथा सूर्य संबंधी उत्पन्न कष्टों से मुक्ति के लिए सरसों के तेल का दीपक जलाना चाहिए।
- शनि देव को प्रसन्न करने तथा स्वस्थ रहने के लिए तिल के तेल का दीपक जलाएं।
- सौभाग्य प्राप्ति के लिए देवों को महुयै के तेल का दीपक अर्पित करना चाहिए।
- राहु तथा केतु की शांति के लिए अलसी के तेल का दीपक जलाकर भगवान शंकर को अर्पित करें।
- सामान्य पूजा के पूजा स्थल पर एक बत्ती का दीपक जलाएं।

- भगवान शंकर को आठ बत्तियों वाला दीपक अर्पित करना चाहिए।
- गणेश जी के लिए तीन या बारह बत्तियों का दीपक जलाना चाहिए।
- विष्णु जी की आराधना के लिए दस या सोलह बत्तियों का दीपक लगाना चाहिए।
- धन की देवी लक्ष्मी को सात बत्तियों के दीपक से प्रसन्न करें।
- वास्तु संबंधी दोष तथा रोग मुक्ति के लिए तिकोने दीपक जलाएं।
- स्वयं पर आई आपदा को टालने के लिए उथला दीप जलाएं।

☛ दीपावली पर इन जगहों पर दीपक जलाना न भूलें

दीपावली के दिन दीपक जलाने की परंपरा सदियों से चली आ रही है। दीपावली की रात हम अपने घर को दीपक की रोशनी से जगमग करते हैं। ऐसी मान्यता है कि दीपावली के दिन माता लक्ष्मी पृथ्वी पर भ्रमण करती हैं अत: माता लक्ष्मी की कृपा प्राप्ति हेतु तथा माता लक्ष्मी आपके घर में प्रवेश करे, उसके लिए आवश्यक है दीपकों को कुछ विशेष स्थानों पर जलाना। दीपावली की रात हमें निम्न स्थानों पर दीपक जलाने चाहिए।

- पीपल के पेड़ के नीचे दीपावली वाले दिन दीपक जलाना अतिशुभ माना जाता है। पर दीपक जलाने के बाद पीछे मुड़कर नहीं देखना चाहिए ऐसा करने से आपकी धन से जुड़ी सभी समस्याएं समाप्त होती हैं।
- यदि संभव हो तो दीपावली की रात श्मशान में दीपक जलाएं यदि ऐसा न कर सकें तो किसी सुनसान इलाके में स्थित मंदिर में दीपक जलाएं।
- दीपावली वाले दिन घर के मुख्य द्वार की चौखट पर दीपक अवश्य जलाना चाहिए घर के मुख्य द्वार पर दीपक जलाने से घर में नकारात्मक ऊर्जा प्रवेश नहीं कर पाती और घर परिवार में सुख-समृद्धि की प्राप्त होती है।
- दीपावली की रात घर के नजदीक वाले चौराहे पर भी दीपक जलाना चाहिए।
- घर में पूजन स्थल में दीपक जलाएं इस बात का ध्यान रखें कि दीपक पूरी रात जलता रहे ऐसा करने से महालक्ष्मी प्रसन्न होती हैं।
- घर के आस-पास जो भी मंदिर हो वहां दीपावली वाले दिन दीपक अवश्य जलाएं। इससे सभी देवी-देवता प्रसन्न होते हैं।
- घर के आंगन में भी दीपक जलाना चाहिए। पर एक बात का ध्यान रखें यह दीपक रात भर जलता रहे।
- किसी बेल पत्र के पेड़ के नीचे दीपावली की रात दीपक जलाएं। बेल पत्र भगवान शिव का प्रिय वृक्ष है। अत: यहां दीपक जलाने पर उनकी कृपा प्राप्त होती है।

दीपक से जुड़ी मान्यताएं

प्राचीन भारतीय मान्यताओं में दीप प्रज्वलन की परम्परा सदियों से रही है। दीपक जलाने के पीछे छिपी वैज्ञानिकता व मनोकामनाओं को आइए जानते हैं।

दीपकों के आकार-प्रकार व प्रज्वलित करने की विधियां, उनके प्रयोजन उद्देश्यों की भिन्नताओं के आधार पर निर्धारित की गई हैं। अतः सर्वप्रथम दीपक प्रज्वलित करने के भिन्न उद्देश्यों की चर्चा अवश्यंभावी प्रतीत होती है। इसलिए पहले उन प्रयोजनों, उद्देश्यों व मान्यताओं को जानें जिनके आधार पर दीपक प्रज्वलित किए जाते हैं तत्पश्चात् दीपक के आकारों-प्रकारों व बनावट इत्यादि का विस्तारपूर्वक अध्ययन करेंगे।

☛ दीप जलाने के पीछे वैज्ञानिक आधार

मान्यताओं के पीछे क्या वैज्ञानिकता छिपी है, यह खोज का विषय है परन्तु हम सभी जानते हैं कि मान्यताओं को तोड़ पाना संभव नहीं है क्योंकि विश्वास को आधारभूमि की आवश्यकता नहीं होती यह तो स्वयं के भीतर से स्वतः ही जागृत होता है। मान्यताओं के समक्ष विज्ञान भी नतमस्तक है। यह सर्वथा कपोल-कल्पित है ऐसा भी नहीं है। अतः जो बात समझ से परे हो उसे समय के सहारे छोड़ देना ही हितकर है। आइए अपनी विषयवस्तु पर लौट चलें और जानने का प्रयास करें उन मान्यताओं के संदर्भ में जो दीपक प्रज्वलित करने से जुड़ी हैं और उनके पीछे क्या वैज्ञानिकता छिपी है?

- मान्यता है कि तुलसी के पौधे पर संध्या को दीपक प्रज्वलित करने से उस स्थान विशेष पर बुरी शक्तियों का दुष्प्रभाव नहीं पड़ता और प्रज्वलित करने वालों के पापों का नाश होता है। इसे मिट्टी के दीपक में शुद्ध घी द्वारा प्रज्वलित किया जाता है। इस मान्यता के पीछे यह आस्था छिपी है कि तुलसी में सभी तीर्थों, देवताओं व वेदों का वास होता है। यह मान्यता धर्म से जुड़ी है। आइए इसके पीछे छिपी वैज्ञानिकता को जानने का प्रयास करें जो इस प्रकार है-

- तुलसी में अनेकानेक औषधीय गुण छिपे हैं, इसका बखान आयुर्वेद भी करता है। अनेकों बिमारियों में इसका उपयोग औषधि के रूप में किया जाता है।
- तुलसी पारा छोड़ती है यह भी शाश्वत सत्य है जिसके परिणामस्वरूप जिस स्थान पर तुलसी का पौधा होता है उस स्थान के वातावरण में रहने वाले दूषित कीटाणु और विषाणु इस प्रभाव के कारण स्वतः समाप्त हो जाते हैं और वातावरण शुद्ध हो जाता है। इसी पारे के कारण तुलसी को चबाकर खाना मना है इसे निगलना ही हितकर होता है। रविवार को तुलसी के पत्ते तोड़ना और उस पर जल छिड़कना मना है? इसके पीछे छिपा वैज्ञानिक कारण यह है कि रविवार को तुलसी अधिक मात्रा में पारा छोड़ती है और पारा एक प्रकार का विष है इसलिए इसके पत्तों को रविवार को ग्रहण नहीं करना चाहिए। जल चढ़ाने के लिए इसलिए मना किया गया है कि संभवतः जल चढ़ाने वाला मनुष्य जब झुककर जल चढ़ाएगा तो तुलसी से निकलता पारा उसकी आंखों के लिए घातक सिद्ध हो सकता है अतः तुलसी के पौधे के पीछे छिपी वैज्ञानिकता स्वयं में सिद्ध है।
- पीपल के वृक्ष के नीचे प्रज्वलित किए जाने वाले दीपक अनेक मान्यताओं से जुड़े हैं। कहा जाता है कि पीपल पर ब्रह्मा जी का निवास है इसलिए पीपल को काटने वाला ब्रह्म हत्या का दोषी कहलाता है। शनिदेव को इसका देवता माना गया है और पित्तरों का निवास भी इसी में है, ऐसी मान्यता है कि–
- प्रत्येक अमावस्या को रात्रि में पीपल के नीचे शुद्ध घी का दीपक जलाने से पित्तर प्रसन्न होते हैं।
- पीपल के नीचे सरसों के तेल का दीपक लगातार 41 दिन तक प्रज्वलित करने से मनोवांछित फलों की प्राप्ति होती है।
- तिल के तेल का दीपक 41 दिन लगातार पीपल के नीचे प्रज्वलित करने से असाध्य रोगों में अभूतपूर्व लाभ मिलता है और रोगी स्वस्थ हो जाता है।
- भिन्न-भिन्न साधनाओं व सिद्धियों को प्राप्त करने के लिए भी पीपल के नीचे दीपक प्रज्वलित किए जाने का विधान है।
- किसी रोगी को शनिवार के दिन पीपल के वृक्ष के नीचे लिटाने से उसका रोग धीरे-धीरे दूर होता जाता है। इसी प्रकार देश काल अनुसार भिन्न-भिन्न मान्यताएं पीपल से जुड़ी हैं जिनका वर्णन करने के लिए पूरा ग्रन्थ लिखा जा सकता है।

इस मान्यता के पीछे क्या वैज्ञानिकता जुड़ी हुई है यह जानने के लिए सर्वप्रथम हम इस सत्य को ही प्राथमिकता देंगे कि पीपल सभी वृक्षों की अपेक्षा सर्वाधिक ऑक्सीजन उत्पन्न करने वाला वृक्ष है और ऑक्सीजन मानव जीवन का मुख्य आधार है। इसलिए हमारे मनीषियों ने प्रारंभ से ही इस की रक्षा और वृद्धि के लिए अलग-अलग विधान निर्धारित कर दिए थे। परन्तु ये विधान निरर्थक नहीं थे बल्कि हर प्रकार से मानव के लिए कल्याणकारी थे।

- केले के पेड़ के नीचे बृहस्पतिवार को घी का दीपक प्रज्वलित करने से कन्या का विवाह शीघ्र हो जाता है ऐसी भी मान्यता है।
- इसी प्रकार बड़, गूलर, इमली, कीकर आवंला और अनेकानेक पौधों व वृक्षों के नीचे भिन्न-भिन्न प्रयोजनों से भिन्न-भिन्न प्रकार से दीपक प्रज्वलित किए जाने का विधान है।
- मान्यता है कि अपराध व दीर्घ बिमारियों से पीड़ित व्यक्ति के पहने हुए कपड़ों में से कुछ धागे निकालकर उसकी जोत शुद्ध घी में अपने इष्ट के समक्ष प्रज्वलित की जाए तो रोग दूर हो जाता है।
- ऐसी भी मान्यता है कि चौराहे पर आटे का चौमुखी घी का दीपक प्रज्वलित करने से चहुंमुखी लाभों की प्राप्ति होती है।
- नजर व टोटकों इत्यादि के निवारण हेतु भी तिराहे, चौराहे, सुनसान अथवा स्थान विशेष पर दीपक प्रज्वलित किए जाते हैं।
- पूर्व और पश्चिम मुखी भवनों में मुख्य द्वार पर संध्या के समय कड़वे तेल के दीपक प्रज्वलित किए जाने का विधान अत्यंत प्राचीन है। इसके पीछे मान्यता यह है कि किसी भी प्रकार की दुरात्मा अथवा बुरी शक्तियां घर में प्रवेश नहीं कर सकतीं। जबकि वास्तविकता यह है कि इसके पीछे भी वैज्ञानिकता छिपी है कि सरसों के तेल का दीपक प्रज्वलित करने से जो गैस व उष्मा वातावरण में उत्पन्न होती है वह उस वातावरण के दूषित और विषैले कीटाणुओं और विषाणुओं को समाप्त कर देती है जिससे उस स्थान का वातावरण शुद्ध हो जाता है।
- एक मान्यता यह भी है कि कड़वे तेल का दीपक प्रज्वलित कर उसकी कालिमा को किसी पात्र में इकट्ठा कर लिया जाता है और उसे बच्चों की आंखों में काजल के रूप में प्रयोग किया जाता है, साथ ही यह भी माना जाता है कि इसका टीका बच्चे को लगाने से उसे नजर नहीं लगती। गांव-देहात में इसका काफी प्रचलन है।

दीपावली पर मात्र दीपक नहीं दीपमालाएं प्रज्वलित की जाती हैं। इस दिन घर का प्रत्येक कोना प्रकाशवान होना चाहिए। अमावस्या के अधंकार का समूल नाश दीपक द्वारा किया जाता है तथा लक्ष्मीजी के समक्ष देसी घी के दीपक प्रज्वलित किए जाते हैं। दीपावली की मान्यता से सभी परिचित है अत: आगे बढ़ते हैं और कुछ अन्य मान्यताओं के बारे में जानते हैं।

दीपावली के ठीक 11 दिन पश्चात् एकादशी आती है जिसे देव उठनी एकादशी कहा जाता है। मान्यता है कि इस दिन अपने देवों को उठाया जाता है अर्थात् आवाहन-पूजन किया जाता है, ताकि जीवन के सभी शुभकार्य जैसे-विवाह इत्यादि निर्विघ्न पूर्ण हो जाएं। इस दिन प्रत्येक घर में पूर्व की दीवार पर गेरु से एक पुतला स्वरूप आकार बनाया जाता है जिसे देव स्वरूप माना जाता है जो कि परिवार, कुनबा अथवा ग्राम स्थान विशेष आदि का कुल देवता होता है जिसे जागृत अथवा आवाहित करने के लिए गन्ना, गाजर, नए मौसम की सब्जियां, मिष्ठान के

रूप में गुड़ अथवा चीने के जवे (सेवइयां) इत्यादि उनके समक्ष रखकर घर व आस-पड़ोस की स्त्रियां एकत्रित होकर मंगल गान गाती हैं जिसका भावार्थ यही होता है कि 'हे हमारे कुल देवता हमने आपके समक्ष घी का दीपक प्रज्वलित किया है साथ ही भोग हेतु उपलब्ध सभी खाद्यान्न भेंट किए हैं, आप इनका भोग लगाओं और हमें अपना आशीर्वाद दो कि हमारे परिवार में शुभ कार्यों का शुभारम्भ हो'। इस प्रार्थना के साथ छलनी से दीपक समेत सभी भोग योग्य पदार्थ ढक दिए जाते हैं ताकि देव आएं और निर्विघ्न भोग लगाएं व आशीर्वाद दें।

बिहार, उत्तरप्रदेश व अन्य पूर्वांचल राज्यों में छठ पूजन अत्यंत धूमधाम से मनाया जाता है। दीपावली के छठे दिन सूर्य षष्ठी मानी जाती है जिसके तीसरे दिन अर्थात् नवमी को जिसे अक्षय नवमी के नाम से जाना जाता है। आंवले के वृक्ष के नीचे शुद्ध देसी घी के 108 दीपक प्रज्वलित करने की मान्यता है। इस मान्यता के अनुसार यदि कार्तिक मास की अक्षय नवमी को आंवले के वृक्ष के नीचे मिट्टी के 108 दीपक शुद्ध देसी घी में प्रज्वलित करके ब्राह्मण को उसी वृक्ष के नीचे बैठाकर भोजन कराया जाए तो ऐसा करने वाले को हर प्रकार की ऋद्धि-सिद्धि की प्राप्ति होती है।

इसी प्रकार इन राज्यों में कार्तिक मास को अत्यंत पूजनीय व महत्त्वपूर्ण माना जाता है। ऐसी मान्यता है कि पूरे कार्तिक मास में प्रातःकाल 4 से 6 बजे के बीच घी के दीये जलाने से मनोकामनाएं पूर्ण होती हैं।

दीया जलाएं अनिष्ट मिटाएं

हिन्दू धर्म में किसी भी शुभ कार्य में दीपक की उपस्थिति अनिवार्य मानी गई है। आइये जानते हैं कि दीपक कितने प्रकार के होते हैं, उसके क्या लाभ हैं तथा क्या है दीपक द्वारा आरती करने की सही विधि?

दीया अर्थात् जिसने सदा दिया। दीये का संबंध मात्र मिट्टी के आवरण या किसी पात्र से नहीं है। दीया आशा का प्रतीक है, दीया नूतन चेतना एवं नवीन कार्य करने की प्रेरणा देता है। दीये की लौ हमें केवल रोशनी ही नहीं देती, बल्कि अंधकार से प्रकाश की ओर, नीचे से ऊपर की ओर उठने की प्रेरणा भी देती है। 'लौ' हमें अनुशासन सिखाती है, देने, बांटने और बुराई से लड़ने की सीख देती है। दीया स्वयं अंधेरे में रहकर दूसरों के घर-आंगन में प्रकाश करने का संदेश भी देता है।

दीपावली दीपकों का त्योहार है। इस दिन दीपकों को विधिपूर्वक प्रज्वलित करना या जलाना अति शुभ माना गया है। लक्ष्मी पूजन एवं आरती के बाद एक-एक छोटे दीपक मंदिर में घर के सामने चौराहे पर, नदी के किनारे या नल के पास, घर के प्रत्येक कमरे में, आंगन में, पीपल के पेड़ व तुलसी के पौधे के समीप और छत आदि जगहों पर अवश्य प्रज्वलित करने चाहिए। इन दीपकों से घर में लक्ष्मी आती है। इसके अलावा विभिन्न प्रकार के पात्रों से बने दीपकों को जलाने से मनोकामनाएं भी पूर्ण होती हैं। जैसे:

सोने का दीपक- सोने के बने दीपक को गेहूं के आसन पर रखकर इसे चारों ओर से लाल कमल या गुलाब के फूल की पंखुड़ियों से सजाएं। इसमें गाय का शुद्ध घी डालकर पूर्व दिशा की ओर जलायें। इससे धन तथा बुद्धि में निरंतर वृद्धि होती रहेगी।

चांदी का दीपक- चांदी के बने दीपक को चावलों के आसन पर रखकर इसे चारों ओर से सफेद गुलाब या अन्य सफेद फूलों की पंखुड़ियों से सजाएं। इसमें गाय का शुद्ध घी डालकर पूर्व दिशा की ओर जलायें। इससे सात्विक धन की वृद्धि होगी।

तांबे का दीपक- तांबे के बने दीपक को लाल मसूर के आसन पर रखें, फिर इसे चारों ओर से लाल फूलों की पंखुड़ियों से सजाएं और तिल का तेल डालकर इसे दक्षिण दिशा में जलाने से मनोबल में वृद्धि तथा अनिष्टों का नाश होगा।

कांसे का दीपक- कांसे के बने दीपक को चने की दाल के आसन पर रखें व इसे चारों ओर से पीले फूलों की पंखुड़ियों से सजाकर इसमें तिल का तेल डालें और उत्तर दिशा में जलायें। इससे धन की स्थिरता बनी रहेगी।

लोहे का दीपक- लोहे के बने दीपक को उड़द दाल के आसन पर रखें तथा इसे चारों ओर से गहरे नीले या काले रंग के फूलों की पखुंड़ियों से सजाकर जलाएं। इससे अनिष्ट तथा दुर्घटनाओं से बचाव होगा।

मिट्टी के दीपक- मिट्टी के बने दीपक को शुद्ध देसी घी से प्रज्वलित कर तुलसी के पौधे पर संध्या के समय जलाने से बुरी शक्तियों का दुष्प्रभाव नहीं पड़ता और पापों का नाश होता है।

आटे का दीपक- आटे से बने चौमुखे दीपक को शुद्ध घी के साथ चौराहे पर जलाने से चहुंमुखी लाभों की प्राप्ति होती है।

ध्यान रखें पूजन के समय जलाया गया बड़ा दीपक सारी रात जलना चाहिए। तथा सुबह तारों की छांव या ब्रह्म मुहूर्त में उठाकर साथ में घर का थोड़ा कूड़ा लेकर घर से थोड़ी दूर यह कहते हुए रखें कि 'भाग द्ररिद, लक्ष्मी आवे'।

मान्यता है कि इस प्रकार विधिपूर्वक लक्ष्मी पूजन करने से समस्त द्ररिद्रताएं समाप्त हो जाती हैं और घर वैभव व खुशियों से भर जाता है।

☛ दीपक जलाने से अन्य लाभ

- प्रत्येक अमावस्या को रात्रि में पीपल के नीचे शुद्ध घी का दीपक जलाने से पित्तर प्रसन्न होते हैं।
- पीपल के नीचे कड़वे तेल का दीपक लगातार 41 दिन तक प्रज्वलित करने से मनोवांछित फलों की प्राप्ति होती है।
- तिल के तेल का दीपक 41 दिन लगातार पीपल के नीचे प्रज्वलित करने से असाध्य रोगों में अभूतपूर्व लाभ मिलता है और रोगी स्वस्थ हो जाता है।
- केले के पेड़ के नीचे बृहस्पतिवार को घी का दीपक प्रज्वलित करने से कन्या का विवाह शीघ्र हो जाता है ऐसी भी मान्यता है।
- मान्यता है कि अपराध व दीर्घ बिमारियों से पीड़ित व्यक्ति के पहने हुए कपड़ों में से कुछ धागे निकालकर उसकी जोत शुद्ध घी में अपने इष्ट के समक्ष प्रज्वलित की जाए, तो रोग दूर हो जाता है।
- दीपावली के दिन अपने घर के मुख्य द्वार पर सरसों के तेल का दीपक जलाएं। घर में सुख-शांति स्थापित होती है।

☛ दीपक द्वारा आरती की सही विधि

हिन्दू संस्कृति में पूजा-पाठ, अनुष्ठान, हवन, यज्ञ आदि कर्मों में दीपक द्वारा आरती करने का

विधान है। पूजा की थाली में कपूर डालकर भी आरती की जाती है। आरती के लिए दीपक अथवा थाली को किस प्रकार पकड़ना चाहिए व किस प्रकार संबंधित देवी-देवता के समक्ष घुमाया जाना चाहिए इसकी भी विधि है। यह कर्म विधि अनुसार न किया जाए तो संपूर्ण पूजा का फल निष्फल हो जाता है, अतः आरती करते समय निम्नलिखित बातों का विशेष ध्यान रखा जाना चाहिए।

1. दीपक की आरती करते समय दीपक को अपने इष्ट देवी-देवता के सम्मुख इस प्रकार घुमाया जाना चाहिए कि घुमाते हुए 'ॐ' जैसी आकृति का निर्माण हो जाए, तभी आरती सफल मानी जाती है। आरती अपनी बाईं ओर से दाईं ओर चलाएं।
2. आरती की थाली अथवा दीपक आरती के पश्चात् दूसरे के आरती हेतु देने के लिए अपने दाईं ओर से दें।
3. भिन्न-भिन्न देवी-देवताओं के समक्ष दीपक को घुमाने की संख्या भी भिन्न है, जो इस प्रकार है।

   भगवान शिव के समक्ष तीन अथवा पांच बार घुमाएं-
   भगवान गणेश के समक्ष चार बार घुमाएं।
   भगवान विष्णु के समक्ष बारह बार घुमाएं।
   भगवान रुद्र के समक्ष चौदह बार घुमाएं।
   भगवान सूर्य के समक्ष सात बार घुमाएं।
   भगवती दुर्गाजी के समक्ष नौ बार घुमाएं।
   अन्य देवताओं के समक्ष सात बार घुमाएं।

☛ दीपमालिका (दीपक) पूजन की विधि

भारतीय उत्सव श्रृंखलाओं में दीपावली का त्योहार अत्यंत महत्त्वपूर्ण है। इस दिन महालक्ष्मी का पूजन दीपमालाओं से किया जाता है। दीपमाला से तात्पर्य है कि किसी पात्र अथवा स्थान विशेष पर ग्यारह, इक्कीस या अधिक दीपकों को प्रज्वलित कर महालक्ष्मी के समीप रखकर उस दीप-ज्योति का 'ॐ दीपावल्यै नमः' मन्त्र से गन्धादि उपचारों द्वारा पूजन कर इस प्रकार प्रार्थना की जाती है।

''त्वं ज्योतिस्त्वं रविश्चन्द्रो विद्युदग्निश्च तारकाः।
सर्वेषां ज्योतिषां ज्योतिर्दीपावल्यै नमो नमः।।''

इस प्रकार दीपमालाओं का पूजन करके अपने आचार के अनुसार संतरा, ईख अर्थात् गन्ना, धान का लावा (खील) इत्यादि पदार्थ चढ़ाएं। गणेश महालक्ष्मी तथा अन्य सभी देवताओं को भी अर्पित करें व अंत में सभी दीपकों को प्रज्वलित कर संपूर्ण घर को अलंकृत व प्रकाशमान करें।

विशेषः प्रथम अपने इष्ट देवता के चरणों की तीन बार आरती उतारें और दो बार मुखारविंद से चरणों तक उतारें, जिसमें संपूर्ण चक्र बनाएं। तदानुसार तीन बार ऊं की आकृति बनाएं। इस प्रकार आरती संपूर्ण होती है।

संस्कार और संस्कृति का परिचायक दीपक

खुद जलकर दूसरों को रोशनी देने का काम आसान नहीं है, परंतु हमारी प्राचीन संस्कृति का महत्त्वपूर्ण हिस्सा रह चुका दीपक आज भी निरंतर यह कार्य कर रहा है। हमारी परंपरा का मूक साक्षी दीपक संघर्ष का भी परिचायक है। जानें दीपक के ऐसे ही अन्य गुणों को।

सनातन युग से मानव समाज प्रकाश का पुजारी रहा है तथा दीपक का महत्त्व हमारी संस्कृति का संबद्ध भाग है। हम जब अपनी संस्कृति का वर्णन करते हैं तो उसमें हमारे संस्कार भी शामिल होते हैं तथा मिट्टी के दीपक हमारे संस्कार के पहरेदार हैं। यदि ऐसा न होता तो दीपक को कौन महत्त्व देता? वास्तव में आज से ही नहीं बल्कि सदियों से मन के अंधकार को दूर करने की परंपरा समस्त मानव समाज की रही है। भारतीय समाज में दीपों का विशेष महत्त्व इसलिए भी है क्योंकि इसे वे श्रीविग्रह प्रतिक्षण निहारते हैं जिनके सम्मुख इन्हें प्रज्वलित कर प्रतिष्ठित किया जाता है। आज समस्त भारतीय चिंतन व साहित्य में दीपों की उपयोगिता प्रतिपादित है। यह मात्र इसलिए नहीं क्योंकि दीपों से अंधकार का शमन होता है, अपितु इसलिए कि उसमें सम्मिलित पवित्रता को रेखांकित किया जाता है। वेदों से लेकर आज तक के समस्त संसार साहित्य में ज्योति की सत्ता तथा उपयोगिता को स्वीकार किया गया है। लेकिन भारतीय संस्कृति में दीप की संस्कृति का अलग स्वरूप इसलिए भी है क्योंकि मिट्टी को हमसे कोई जुदा नहीं कर सका है तथा हम भी उसी माटी से निर्मित हैं जिनसे ये नन्हें-मुन्ने दीप बने हैं। संत कबीर ने यदि भीतर उजियारा करने के लिए ज्ञान-दीप का आश्रय लिया तो हमारे वेद, पुराणों तथा दूसरे धार्मिक शास्त्रों ने भी दीपों की उपयोगिता का प्रतिपादन करते हुए जीवन से उसका रिश्ता जोड़ा।

प्राचीन काल से ही दीपक का धार्मिक, सामाजिक एवं व्यवहारिक महत्त्व रहा है। दीपक मनुष्य की तुलना में कहीं छोटा जीवन वाला, लेकिन मनुष्य को राह दिखाने वाला है। वह

अपनी आखिरी लौ तक अंधकार से लड़ता है। इनसे बड़ा पाथेय हमारे लिए कोई नहीं हो सकता, इसलिए दीप आज भी हमारे सबसे बड़े सहचर हैं। हम दीपों से ज्योति की याचना करते हैं, कामना करते हैं और वह हमें देते भी हैं, बदले में हमसे कुछ नहीं मांगते। वास्तव में दीपों का अपना इतिहास है। भारतीय संस्कृति में दीपक का उद्‌भव पांच हजार वर्ष पूर्व माना जा सकता है। ऋग्वेद के अनुसार दीपक की उत्पत्ति यज्ञ अग्नि से मानी गई है। वैदिक काल में यह अग्नि मानव के लिए देवताओं से संपर्क का माध्यम थी। प्राचीन काल से ही भारतीय परंपरा के अनुसार किसी भी शुभ अवसर पर दीपक प्रज्वलित किया जाता है। दीप भी अलग-अलग होते हैं। जैसे घरों में पूजा के लिए उपयोग में लाए जाने वाले दीपक को अर्चना दीप, मंदिरों में पूजा के लिए उपयोग में लाए जाने वाले दीपक को अर्चना दीप, मंदिरों में प्रतिमा के पास रखे जाने वाले दीप को नंदा दीप, तुलसी के पौधे के नीचे रखे जाने वाले दीपक को वृंदावन दीप और दीपावली पर छत के ऊपर लटकाए जाने वाले दीपक को आकाश दीप कहा जाता है।

दीपक ने कभी अपने यश की चर्चा नहीं की लेकिन जब उसका प्रकाश आसपास जगमगाता है तो ऐसा अहसास होता है कि वह बहुत ही खुश है। उस वक्त भी वह भयमुक्त रहता है। कौन-सी आंधी या वायु उसे निगल लेगी, इसकी चिंता वह नहीं करता। दीप वास्तव में संघर्ष का ही परिचायक हैं तथा इसने ही मनुष्य को भयमुक्त रहना सिखाया। दीपों से यह आवाज आती है कि जन्म या मरण क्या होता है तथा इसकी प्रक्रिया कैसी होती है? वास्तव में ज्योति का प्रज्वलित होना ही जीवन है तथा उसका शांत होना ही मरण है लेकिन दीपक जब तक जलता है वह जीवन को नवीन प्रेरणा देता है। उसमें मरण का बोध कराने वाला कोई संकेत नहीं होता। अस्तु दीप की ही तरह ज्योतिर्मय रहो...।

हमें यह भी नहीं भूलना चाहिए कि दीपों का दिन मात्र दीपपर्व ही नहीं है। यह तो नित्यप्रति उत्सवधर्मी के रूप में हमारे बीच होते हैं। अंधकार को प्रतिदिन ही पाटते हैं चाहे वह बाह्य हो या अंदरूनी। माटी के दीपों की देहयष्टि कितनी ही सीमित क्यों न हो पर उनका कार्यक्षेत्र बहुत बड़ा है। एक नन्हा-सा दीप मंदिर के किसी भी विग्रह में धरा हो या तुलसी के चौरे पर, दीप चाहे जंगल में जल रहा हो या किसी पहाड़ी पर, वह नदी के तट पर हो या शमशान में उसका प्रकाश सदैव मांगलिक और पवित्र ही होता है। वह तो अपने मूल चरित्र में पवित्रता का परिचायक है। कभी-कभी मुझे लगता है कि देव मंदिर की प्रतिमा के नेत्र तथा दीपक आपस में कुछ कह रहे हैं। प्रतिमा के नेत्र उससे कुछ कहते हैं तथा दीपक झिलमिलाते हुए उत्तर देता है। दीप की यह विडंबना है कि वह अपनी देह जलाता है लेकिन फिर भी कभी निराश नहीं होता। दीप अपनी मानसिकता को गतिशील रखता है, वह प्रबोधन करता है कि जीवन में कभी हारो मत। इसलिए कदाचित बुद्ध ने कहा है कि अपना प्रकाश स्वयं बनो। वह विश्व कवि रविंद्रनाथ की बात का महत्त्व भी समझता है जिन्होंने यह कहा

था कि एकला चलो रे...। सत्य ही है कि दीप की ही भांति अकेले चलने का सुख कुछ और ही होता है। एक दिव्य ज्योति न जाने कहां से आकर हमारी सहचर या पथबंधु बन जाती है तथा हम अपना गंतव्य पा जाते हैं। दीप की बड़ाई का अंत नहीं होता। वह तो इतिहास है जिसकी रचना हरदम ही होती है। दीप भी तो इतिहास रचता है। यह इतिहास कभी इति को प्राप्त नहीं होता। दीप हमारी सनातन परंपरा का मूक साक्षी है। यज्ञ या वेदी पर दीप को प्रतिष्ठित करने के पश्चात हममें यह शक्ति आती है कि यज्ञ का धूम्र तथा दीप का प्रकाश हमारा कल्याण करने को उद्यत हैं और हम मांगलिकता से परिपूर्ण होते जा रहे हैं। ज्योति और ज्वाला का यह संगम इस युग में अद्‌भुत है और निराला भी।

धन के लिए लक्ष्मी की उपासना ही क्यों?

मनुष्य अपने एक ही जीवन में कई जीवन जीता है। इसी जीवन में बाल्यावस्था, युवावस्था, वृद्धावस्था तो आती ही है, लेकिन इन तीनों अवस्थाओं के बीच में नित्य प्रति हजारों घटनाएं घटित होती हैं। इन घटनाओं और स्थितियों को मनुष्य अपने मानस में अंकित करता है और उसे अनुभव करता है। प्रत्येक मनुष्य बल और बुद्धि से युक्त तो होता ही है लेकिन उस बल और बुद्धि का विकास किस प्रकार किया जाए, जिससे उसके जीवन में प्रसन्नता आ सके, यही मनन का विषय है।

बल और बुद्धि के घोड़े पर सवार चतुरता, चालाकी के साथ आजीविका के लिए मनुष्य येन-केन-प्रकारेण प्रयास करता है और यदि उससे पूछा जाए कि आपके जीवन का लक्ष्य क्या है तो अधिकांश यही उत्तर प्राप्त होगा कि जीवन में अधिक से अधिक धन की प्राप्ति करना, ऐश्वर्य की प्राप्ति करना। और धन की अधिष्ठात्री लक्ष्मी के लिए वह कुछ भी करने को तैयार हो जाता है। इसीलिए वर्तमान समय में विषमता, ईर्ष्या, वैमनस्य, लूटमार, धोखाधड़ी, ठगी का ही वातावरण चल रहा है।

यहां पर मूल रूप से कुछ प्रश्न उत्पन्न होते हैं, जिन्हें समझना अत्यंत आवश्यक है।

- क्या लक्ष्मी का तात्पर्य केवल धन प्राप्ति ही है?
- क्या धन प्राप्ति से जीवन की सभी समस्याओं का समाधान हो जाता है?
- क्या धन प्राप्ति के लिए कोई भी मार्ग अपनाना उचित है?

यही प्रश्न हजारों वर्ष पहले हमारे ऋषि-मुनियों के मन में भी अवश्य आए होंगे तभी उन्होंने लक्ष्मी की पूर्ण व्याख्या की। प्रारंभ में श्लोक में यही विवरण आया है कि लक्ष्मी जो श्री से भिन्न होते हुए भी श्री का ही स्वरूप है, जो पालनकर्ता विष्णु के साथ रहती हैं, जिनके चारों ओर सारे नक्षत्र विचरण करते हैं, जो सारे लोकों में विद्यमान हैं, उस श्री को मैं वन्दन करता हूं।

अर्थात् श्री ही मूल रूप से लक्ष्मी है और इसीलिए हमारी संस्कृति में मिस्टर की जगह श्री लिखा जाता है अर्थात् वह व्यक्ति जो श्री से युक्त हैं, उसी के नाम के आगे श्री लगाकर सम्बोधित किया जाता है।

श्री सूक्त जिसे लक्ष्मी सूक्त भी कहा जाता है, उसमें लक्ष्मी की श्री रूप से ही प्रार्थना की गई है, उस लक्ष्मी की प्रार्थना की गई है, जो वात्सल्यमयी हैं, धन-धान्य, संतान देने वाली हैं, जो मन और वाणी को दीप्त करती हैं, जिनके आने से दानशीलता प्राप्त होती है, जो वनस्पति और वृक्षों में स्थित हैं, जो कुबेर, इन्द्र और अग्नि अर्थात् तेजस्विता प्रदान करने वाली हैं, जो जीवन में परिश्रम का ज्ञान कराती हैं, जिनके कारण आकर्षण शक्ति स्थित होती है, जिसकी कृपा से मन में शुद्ध संकल्प और वाणी में सत्यता आती है, जो शरीर में शीतलता और पुष्टि प्रदान करने वाली हैं, उस श्री का जीवन में स्थायी स्थान प्राप्त करने के लिए बार-बार प्रार्थना और नमन किया गया है।

इस श्लोक में एक विशेष बात यह कही गई है कि लक्ष्मी की ज्येष्ठ भगिनी अर्थात् अलक्ष्मी अर्थात् दरिद्रता है जो भूख और प्यास के साथ दुर्गन्धयुक्त है, अर्थात् जीवन में धन तो है लेकिन तृष्णाएं यथावत हैं, मानसिक रूप से विकारों में मलिनता है तो वह लक्ष्मी श्री रूपी नहीं है और वहां लक्ष्मी स्थायी रह भी नहीं सकती है।

जो श्री रूपी लक्ष्मी है, वही जीवन में स्थायी रह सकती है और इस श्री रूपी लक्ष्मी की नौ कलाओं का जब जीवन में पदार्पण होता है तभी जीवन में पूर्णता आ पाती है।

कौन है मां लक्ष्मी ?

धन प्राप्ति व सुख-समृद्धि की कामना के लिए भारत में मां लक्ष्मी की पूजा व आराधना का विधान है। मां लक्ष्मी की अर्चना से जीवन में खुशहाली आती है। लेकिन क्या आप जानते हैं कि, हमारे जीवन में खुशियां लाने वाली मां लक्ष्मी कौन हैं व उन्हें हमारे शास्त्रों में कैसे वर्णित किया गया है? आइए जानते हैं।

ब्रह्मवैवर्त पुराण के अनुसार आदिशक्ति प्रकृति ही महालक्ष्मी हैं। दुर्गा-काली, सरस्वती-पार्वती, सीता, राधा आदि समस्त मातृशक्तियां आपके ही विविध अंश रूप हैं। परन्तु संसारी जन आपको लक्ष्मी जी, धनलक्ष्मी, गजलक्ष्मी, राजलक्ष्मी, सागर से उत्पन्न विष्णुप्रिया, कमला आदि विभिन्न नामों से पूजते हैं। इस रूप में आप गौर वर्ण, स्वर्ण सा दमकता चेहरा, चतुर्भुजी, शांत स्वभाव, समस्त संसार को सुख देने वाला मनोरम चेहरा, हाथ में कमल पुष्प और धन कलश लिए कमल पुष्प पर विराजित हैं। पीले वस्त्रों में, गले में वैजयंती पुष्प और मणियों की माला से सुशोभित हैं और इनका वाहन परमज्ञानी पक्षीराज उलूक है।

भगवती लक्ष्मी ही समस्त सृष्टि और इस जगत को धन-दौलत, सुख-वैभव, ऋद्धि-सिद्धि तथा सभी ऐश्वर्यों को प्रदान करती हैं। अथर्ववेद में लक्ष्मी जी के स्वरूप का वर्णन करते हुए कहा गया है कि यह देवी सुन्दर उंगलियों से युक्त चार हाथों से सुशोभित हैं। तुम इस संसार का पालन करने वाली देवी को प्रणाम करो। जब लक्ष्मी जी प्रसन्न होती हैं, तब भगवान विष्णु को प्रेरित करती हैं कि आप इन भक्तों को सभी ऐश्वर्य प्रदान करो। ऋग्वेद का इस बारे में कथन है कि यह सुन्दर वस्त्र और आभूषण धारण करने वाली देवी समस्त पार्थिव धनों की स्वामिनी हैं। यह सम्पूर्ण सौभाग्यों से सम्पन्न देवी हमारे यहां विस्तार करती हुई निवास करें।

देव्युपनिषद का इस बारे में कथन है कि हम उस महालक्ष्मी को जानते हैं, जो सारी सिद्धियों को उपलब्ध कराती हैं, वे देवी हमें सदप्रेरणायें दें। ब्रह्मपुराण में लक्ष्मी जी की महिमा का वर्णन करते हुए कहा गया है कि अधिक कहने से क्या लाभ! यह सम्पूर्ण जगत ही लक्ष्मी से भरा हुआ है और उनके तेज से निर्मित एवं संचालित है। जगत में जो कुछ भी दिखाई देता

है, वह सब कुछ लक्ष्मी जी की ही देन है। स्कन्द पुराण में लक्ष्मी जी के स्वरूप एवं महिमा का वर्णन करते हुए कहा गया है कि सागर मन्थन से जिन लक्ष्मी जी का जन्म हुआ, वह एक ही इस जगत की स्वामिनी हैं। इस महाशक्ति देवी को योगी जन अन्वीक्षिकी कहते हैं तो ज्ञानीजन मूल विद्या कहते हैं। कुछ व्यक्ति इन्हें ब्रह्मविद्या और ऋद्धि-सिद्धि कहते हैं तो कुछ व्यक्ति इन्हें आशा अथवा वैष्णवी भी कहते हैं।

माया के पुजारी इन्हें महामाया और योगमाया कहते हैं। तो ज्ञान-पिपासु आपको महाविद्या और कमला नामों से सम्बोधित करते हैं। इन्होंने अपनी चार भुजाओं में कमल-अंकुश, पाश और शंख धारण किया हुआ है। वह ही लक्ष्मी, महालक्ष्मी- श्री कमला, इन्दरा और विष्णुप्रिया कहलाती हैं। नीचे दिये गये श्री सूक्त से लक्ष्मी जी की कृपा हमेशा बनी रहती है, साथ ही मोक्ष तक की प्राप्ति हो जाती है।

श्री सूक्तः- हे जातवेद रूपी अग्निदेव! आप भूतकालिक सभी वृत्तांतों को जानने वाले भी हैं, आपसे कुछ भी छिपा नहीं है। आप भूतकालिक वृत्तांतों को बतलाने वाले भी हैं। अतः सुवर्ण सदृश पीतवर्ण वाली तथा कुछ हरितवर्ण वाली तथा हिरणी रूपधारिणी स्वर्ण मिश्रित रजत (चांदी) की माला धारण करने वाली, चांदी के ही समान श्वेत पुष्प माला धारण करने वाली और चन्द्रमा के समान प्रकाशमान तथा चन्द्रमा के समान अखिल जगत को प्रसन्न करने वाली तथा हिरण्य समान अति चंचला स्वरूप वाली या हिरण्यमयी जिसकी देह है, ऐसी सर्वगुण सम्पन्न श्री अर्थात् लक्ष्मी को मेरे लिए बुलाइए।

(1) हे जातवेद रूपी अग्निदेव! आप इस संसार विख्यात विष्णु पत्नी लक्ष्मी जी को मेरे लिए बुलाइए, जिनके आगमन करने पर मैं सुवर्ण, गौ, अश्व और पुत्र और पौत्रादि को प्राप्त कर सकूं।

(2) जिस देवी के आगे घोड़े व मध्य में रथ है अर्थात् जिसके सम्मुख घोड़े रथ में जुते हुए हैं। ऐसे रथ में बैठी हुई, हस्तियों के गौरव से संसार को हर्षित करने वाली, प्रफुल्लित करने वाली, देदीप्यमान एवं जन-जन को, समस्त जनों को आश्रय देने वाली श्री को मैं अपने सम्मुख बुलाता हूं। देदीप्यमान और सबकी आश्रयदाता वह लक्ष्मी मेरे घर में सदैव निवास करें।

(3) जिसका स्वरूप वाणी और मन का विषय न होने के कारण अवर्णनीय है तथा जो मन्द हास्य युक्ता हैं। जो चारों ओर से सुवर्ण से ओत-प्रोत हैं एवं दया से आर्द्र हृदय वाली तथा समुद्र से उत्पन्न होने के कारण आर्द्र शरीर होती हुई भी देदीप्यमान हैं। स्वयं पूर्णकाम होने के कारण भक्तों के नाना प्रकार के मनोरथों को पूर्ण करने वाली, कमल के ऊपर विराजमान, कमल सदृश गृह में निवास करने वाली संसार प्रसिद्ध लक्ष्मी को मैं अपने पास बुलाता हूं।

(4) चन्द्रमा के समान प्रकाश वाली, कान्तिवाली, अपनी कीर्ति से देदीप्यमान, स्वर्ग लोक में इन्द्रादि देवों से पूजित, अतिदानशीला, कमल के मध्य में रहने वाली, सभी की रक्षा करने वाली एवं आश्रय देने वाली जगत विख्यात उन लक्ष्मी को मैं प्राप्त करता हूं। हे लक्ष्मी! आपकी परम कृपा से मेरी दरिद्रता नष्ट हो, अतः मैं आपको स्वीकार करता हूं अर्थात् आपका आश्रय लेता हूं।

(5) हे सूर्य के समान कान्ति वाली, आपके तेजोमय प्रकाश के बिना पुष्प के फल देने वाला एक वृक्ष-विशेष उत्पन्न हुआ। तदनन्तर आपके हाथ से बिल्व का वृक्ष उत्पन्न हुआ। उस बिल्व वृक्ष का फल मेरे बाह्य और आभ्यान्तर (मन व संसार) की दरिद्रता को नष्ट करे।

(6) हे लक्ष्मी! देवसखा अर्थात् श्री महादेव के मित्र इन्द्र, कुबेरादि देवताओं की अग्नि मुझे प्राप्त हो, अर्थात् मैं अग्नि देव की उपासना करूं एवं मणि के साथ अर्थात् चिन्तामणि के साथ या कुबेर के मित्र मणिभद्र के साथ या रत्नों के साथ, कीर्ति अर्थात दक्ष कन्या कुबेर का कोषशाला या यश मुझे प्राप्त हो। (तात्पर्य यह है कि धन और यश दोनों ही मुझे प्राप्त हों)। मैं इस संसार में उत्पन्न हुआ हूं, अतः हे कुबेर देव! आप यश व ऐश्वर्य मुझे प्रदान करें।

(7) भूख और प्यास रूपी मल को धारण करने वाली एवं लक्ष्मी की बड़ी बहन दरिद्रता का मैं नाश करता हूं, अर्थात् दूर करता हूं। हे लक्ष्मी, आप मेरे घर से अनैश्वर्य तथा धन वृद्धि के प्रतिबंधक विघ्नों को दूर करें।

(8) धन-धान्य से सर्वदा पूर्ण गौ-अश्वादि पशुओं को समृद्धि देने वाली, समस्त प्राणियों की स्वामिनी लक्ष्मी जी को मैं अपने घर में सादर बुलाता हूं।

(9) हे लक्ष्मी! आपके प्रभाव से मैं मानसिक इच्छा एवं संकल्प, वाणी की सत्यता, गौ आदि पशुओं के रूप एवं अन्नों के रूप (अर्थात् भक्ष्य, भोज्य, चोष्य, लेह्य, चतुर्विधि भोज्य पदार्थ) इन सभी पदार्थों को प्राप्त करूं। सम्पत्ति और यश मुझमें आश्रय लें अर्थात् मैं लक्ष्मीवान एवं कीर्तिमान बनूं।

(10) कर्दम नामक ऋषि पुत्र से लक्ष्मी प्रकृष्ट पुत्र वाली हुई हैं। हे कर्दम! तुम मुझमें भली प्रकार से वास करो (अर्थात् कर्दम ऋषि की कृपा होने पर लक्ष्मी को मेरे यहां रहना ही होगा।) हे कर्दम! मेरे घर में लक्ष्मी निवास करें, मात्र इतनी ही प्रार्थना नहीं है अपितु कमल की माला धारण करने वाली सम्पूर्ण जगत की माता लक्ष्मी को मेरे वंश में निवास कराओ।

(11) जिस प्रकार कर्दम की संतति ख्याति से लक्ष्मी अवतरित हुईं। उसी प्रकार कल्पान्तर में भी समुद्र मन्थन द्वारा चौदह रत्नों के साथ लक्ष्मी का आविर्भाव हुआ है। इसी अभिप्राय से कहा जा सकता है कि वरुण देवता स्निग्ध अर्थात् मनोहर पदार्थों से

उत्पन्न करें। पदार्थों में सुन्दरता ही लक्ष्मी है। लक्ष्मी के आनन्द, कर्दम, चिक्लीत और श्रुति ये चार पुत्र हैं। इनमें चिक्लीत से प्रार्थना की गई है कि हे चिक्लीत नामक लक्ष्मी पुत्र! तुम मेरे में निवास करो। केवल तुम ही नहीं अपितु दिव्य गुणयुक्ता तथा सर्वाश्रयभुता अपनी माता लक्ष्मी को भी मेरे घर में निवास कराओ।

(12) हे अग्नि देव! तुम मेरे घर में पुष्करिणी अर्थात् हाथियों द्वारा अभिषेक की जाने वाली, आर्द्र शरीर वाली, पुष्टि को देने वाली तथा लाल पीले कमलों की माला धारण करने वाली, संसार को प्रकाशित करने वाली, प्रकाशस्वरूपा लक्ष्मी को बुलाओ।

(13) हे अग्निदेव! तुम मेरे घर में भक्तों पर सदा दयाद्र्रचित्त अथवा समस्त युवक जिसकी याचना करते हैं, दुष्टों को दण्ड देने वाली अथवा यष्टिवत् अक्लम्बनीया (सारांश यह है कि- जिस प्रकार लकड़ी के बिना असमर्थ पुरुष चल नहीं सकता, उसी प्रकार लक्ष्मी के बिना जगत का कोई भी कार्य नहीं हो सकता।) सुन्दर वर्ण वाली एवं सुवर्ण की माला वाली सूर्य रूपा (अर्थात् जिस प्रकार सूर्य प्रकाश और वृष्टि द्वारा जगत का पालन-पोषण करता है उसी प्रकार लक्ष्मी ज्ञान और धन के द्वारा संसार का पालन-पोषण करती हैं।) उस प्रकाशस्वरूपा लक्ष्मी को बुलाओ।

(14) हे अग्नि देव! तुम मेरे यहां उन जगत् विख्यात लक्ष्मी को जो मुझे छोड़कर अन्यत्र नहीं जाने वाली हों, बुलाओ! जिन लक्ष्मी के निमित्त मैं सुवर्ण, उत्तम ऐश्वर्य, गौ, दासी, घोड़े और पुत्र-पौत्रादि को प्राप्त करूं (अर्थात स्थिर लक्ष्मी को बुलाओ)।

(15) जो मनुष्य लक्ष्मी की प्राप्ति की कामना करता हो, वह पवित्र और सावधान होकर प्रतिदिन अग्नि में गौ घृत का हवन और उसके साथ श्री सूक्त की पन्द्रह ऋचाओं का नित्यप्रति पाठ करे। इसी के साथ कमला स्त्रोत, लक्ष्मी सूक्त, लक्ष्मी सहस्त्र नामावली, एक हजार आठ नामावली, आदि का पाठ करने से भक्त की सारी मनोकामनायें तो पूर्ण होती ही हैं साथ ही मोक्ष तक की प्राप्ति हो जाती है।

☛ राशि अनुसार लक्ष्मी मन्त्रः

मेषः ऊं ऐं क्लीं सोः
वृषः ऊं ऐं क्लीं श्रीं
मिथुनः ऊं क्लीं ऐं सोः
कर्कः ऊं ऐं क्लीं श्रीं
सिंहः ऊं हीं श्रीं सोः
कन्याः ऊं श्रीं ऐं सोः
तुलाः ऊं हीं क्लीं श्रीं
वृश्चिकः ऊं ऐं क्लीं सोः

धनुः ऊं हीं क्लीं सो:
मकर: ऊं ऐं क्लीं हीं श्रीं सौ:
कुम्भः ऊं हीं ऐं क्लीं श्रीं
मीनः ऊं हवा क्लीं सो:

ध्यान देने योग्य बातें

1. **आसन**- लक्ष्मी जी की साधना के लिए ऊन का बना रक्तवर्णी या बहुरंगी आसन श्रेष्ठ माना जाता है।
2. **मास**- बैसाख व आश्विन माह लक्ष्मी-साधना के लिए उचित माने गये हैं। सामान्यत: शुभ तिथि, नक्षत्र किसी भी माह में पड़े तो लक्ष्मी साधना का अनुकूल फल मिलता है।
3. **नक्षत्र**- पुनर्वसु, पूर्वा फाल्गुनी व हस्त, अनुराधा, पुष्य नक्षत्र लक्ष्मी जी की कृपा प्राप्ति के लिए श्रेष्ठ माने गये हैं। इन नक्षत्रों में लक्ष्मी-साधना करने से लक्ष्मी जी की स्थायी कृपा बनी रहती है।
4. **वार**- वैसे तो सभी वार उत्तम हैं, लेकिन शुक्र, सोम, बृहस्पति व बुधवार लक्ष्मी-साधना के लिए उचित हैं। इनमें से भी शुक्रवार या बृहस्पतिवार को विधिपूर्वक लक्ष्मी पूजन से अर्थाभाव नहीं रहता।
5. **पुष्प**- कमल का पुष्प लक्ष्मी जी को सर्वाधिक प्रिय है। यह पुष्प समृद्धि, श्री, सौभाग्य वृद्धि का प्रतीक माना जाता है। अत: लक्ष्मी पूजा में कमल पुष्प का उपयोग किया जाना चाहिए। यह पुष्प भगवान विष्णु को भी प्रिय है।
6. **माला**- लक्ष्मी उपासकों को चाहिए कि लक्ष्मी-कृपा प्राप्ति हेतु लाल चन्दन या मूंगे की माला से लक्ष्मी मन्त्र का जाप करें, यदि ये मालाएं सुलभ न हों तो रुद्राक्ष माला सभी देवी-देवताओं की उपासना में मंत्र जाप हेतु सर्वश्रेष्ठ मानी गयी है। माला जाप के समय साधक को पश्चिमाभिमुखी होकर जाप करना चाहिए। पश्चिमाभिमुख भोजन करने से अर्थाभाव नहीं रहता।

समृद्ध जीवन की अनुपम शक्ति लक्ष्मी

मां लक्ष्मी की आराधना से जीवन में धन-धान्य व सुख-समृद्धि आती है। इसलिए मां लक्ष्मी को समृद्धि की देवी भी कहा जाता है। आइए मां लक्ष्मी की उत्पत्ति व अन्य गुणों के बारे में विस्तार से जानें।

पुराणों में लक्ष्मी को चंचला कहा गया है। यह एक अर्थ में पूंजी का मूल स्वभाव भी है। आधुनिक संदर्भों में भी माना जाता है कि निरंतर प्रवाहित रहना पूंजी को स्वस्थ और उसके स्वामी को समर्थ बनाता है। चंचला का दूसरा अर्थ है कि लक्ष्मी उद्योगी, पुरुषार्थ वाले लोगों के पास ही टिकती हैं। मुद्राराक्षस नाटक में कहा भी गया है कि लक्ष्मी उग्र, गुस्सैल, मूर्ख एवं डरपोक राजा को त्याग देती हैं। विद्वानों एवं पराक्रमी लोगों से उन्हें प्रेम है।

☛ समुद्र से हुई लक्ष्मी की उत्पत्ति

लोककथा के अनुसार जब लक्ष्मी इन्द्र की सहचरी थीं तो उन्होंने प्रेमपूर्वक इन्द्र को पारिजात का पुष्प भेंट किया। सामान्य पति की तरह अनमने ढंग से इन्द्र ने वह फूल ऐरावत हाथी के सिर पर रख दिया और वहां वह नीचे मिट्टी में गिर गया। अपने प्रेम की उपेक्षा से शुब्ध लक्ष्मी अपनी समस्त श्री सम्पदा लेकर समुद्र में चली गयीं। इसके बाद श्री हीन व सम्पत्ति हीन इन्द्र अपना सिहांसन खो बैठे। इन्द्र का निजी नुकसान तो जगत भी सह लेता लेकिन लक्ष्मी के जाते ही फसलें मुर्झा गयीं, नदियां-सरोवर भी सूखने लगे और वन से वनस्पति भी लुप्त होने लगी जिससे संसार में हाहाकार मच गया। तब विष्णु ने कच्छप (कछुआ)रूप में अपनी पीठ पर मन्दार पर्वत की मथनी से समुद्र मन्थन कराया एवं लक्ष्मी जीवनदायिनी अमृत का घड़ा लेकर पुनः प्रकट हुईं।

जल मन की गहराई का प्रतीक तो है ही, वह प्रवाहशीलता का, पूरेपन का, जीवनदायी एवं फसलों को पैदा करने वाले तत्त्व का भी प्रतीक है। ऋग्वेद का प्रसिद्ध वाक्सूक्त वाक् अर्थात्

वाणी में सरस्वती के बुद्धि तत्त्व एवं श्रीलक्ष्मी के मंगलमय सौंदर्य के मिले-जुले रूप की घोषणा है। वाक् कहती है, 'मैं लोगों को एकजुट करती हूं। मैं सम्पत्तियों की अधीश्वरी हूं। 'जो भी सांस लेता है, देखता, सुनता या अन्न खाता है, वह मेरे ही द्वारा यह सब करता है, मैं देवताओं को आसरा देती हूं, मैं विधिपूर्वक यज्ञ करने वाले को धन भी देती हूं।'

☛ श्री लक्ष्मी के विभिन्न स्वरूप

श्री लक्ष्मी के मूल स्वरूप एवं गुणों में युग की जरूरतों के आधार पर कई तरह के बदलाव आए हैं। पहले लक्ष्मी का वजूद स्वतंत्र था। पंचरात्र ग्रन्थ में उनके इन्हीं मूल गुणों के अनुसार उनके चार नाम दिए गए हैं श्री अर्थात् कांति, कीर्ति अर्थात् सांसारिक यश, माया अर्थात् लीलायुक्त मायावी शक्ति एवं जया अर्थात् युद्ध में विजय दिलाने वाली। चौथी सदी तक लक्ष्मी सौंदर्य, बुद्धि, सम्पत्ति एवं राज्यसत्ता की एकल देवी के रूप में पूजी जाने लगीं थीं। राज्यसत्ता पाना और उसे बचाये रखना आक्रामक शक्ति मांगता है। मार्कण्डेय पुराण लक्ष्मी के आक्रामक, एकल एवं युद्ध कौशल में प्रवीण शक्ति के रूप में 8 नाम गिनाता है। महिषासुरमर्दिनी, योगनिद्रा, कौषिकी, सुनन्दा, रक्तदंतिका, शाकम्भरी, भीमा एवं भ्रामरी। लक्ष्मी जी की शक्ति का दूसरा पहलू भौतिक जगत की प्रजनन क्षमता से जुड़ा है। लक्ष्मी पृथ्वी की उर्वरता एवं अन्न भरे भण्डारों की भी देवी हैं। इसलिए लक्ष्मी पूजा से जुड़े प्रतीक कमल, जल की वर्षा करते हाथी और गोबर की खाद से पुष्ट नवधान्य के टोकरे आदि भी उनके अन्नपूर्णा स्वरूप को उभारते हैं। लक्ष्मी को नदियों-वृक्षों से भी जोड़ा जाता रहा है। देवियों का स्तन्यदायिनी नदियों के रूप में पूजा जाना भारत में आम है। नीलमत पुराण कश्मीर की वितस्ता (चेनाब) को श्री का स्वरूप मानता है।

☛ लक्ष्मी जी का जुड़ाव

लक्ष्मी जीवन को सम्पन्न सुखद एवं सुन्दर बनाने वाले पदार्थों से भी जुड़ी हैं। जैसे सोने के आभूषण, रेशमी लाल वस्त्र एवं सुगन्धित फूल। कमल के अलावा पारिजात लक्ष्मी को प्रिय हैं। जननी और पालनकर्ता के रूप में लक्ष्मी को इन्द्र, कुबेर, राजा बलि और अंत में विष्णु की सहचरी माना गया है।

☛ संबंधित कथा

इन्द्र देवोषम सत्ता के प्रतीक रहे हैं लेकिन परस्त्री गमन का आरोप भी उन पर लगा। एक तेजस्वी एवं शक्तिशाली महिला की ही तरह लक्ष्मी ने इस अवहेलना का दण्ड उन्हें दे दिया और इन्द्र श्री हीन होकर देव बिरादरी से हाशिए पर चले गये। कुबेर एवं बलि दोनों देवता नहीं थे किन्तु शक्तिशाली और समृद्धिशाली यक्ष सम्राट थे। कालान्तर में विष्णु ने उन्हें पाताल

भेज दिया और बल, शक्ति एवं पराक्रम से आकर्षित श्री लक्ष्मी ने विष्णु के घर अपना स्थायी डेरा डाल दिया। विष्णु पत्नी के रूप में तेजस्वी, उग्र चतुर्भुज देवी के बजाए लक्ष्मी को पति की सेवा करने वाली सामान्य दो भुजाओं वाली गृहणी माना गया जो सामान्य घरेलू स्त्रियों की ही तरह गृहिणी एवं चंचला थीं। देवी भागवत एवं ब्रह्मपुराण के अनुसार गंगा, सरस्वती, लक्ष्मी में जब कलह शुरू हुई तो सरस्वती के शाप से लक्ष्मी को वृक्ष का रूप (तुलसी) एवं नदी (पद्मावती) का रूप लेना पड़ा। विद्वानों के अनुसार पद्मावती गंगा, यमुना एवं ब्रह्मपुत्र को जोड़ने वाले जलमार्ग से उपजी और यह स्वरूप बंगाल तथा असम में महिमा को प्राप्त हुआ।

☛ लक्ष्मी जी के समृद्धिदायक गुण

नदी और पेड़-पौधों से लक्ष्मी का सम्बन्ध उनकी उर्वरा शक्ति एवं सुख-समृद्धिदायक गुणों का सूचक है। यह भी रोचक है कि बाली द्वीप में लक्ष्मी की पूजा आज भी श्री ताण्डुली (धान्य लक्ष्मी) के रूप में की जाती है। आज लक्ष्मी दुनियावी सुख-समृद्धि एवं अन्न-धन से भरी-पूरी सुखी गृहस्थी की प्रतीक हैं एवं इसी रूप में सामान्य गृहस्थ जन उनकी कौमुदी-महोत्सव यानी दीपावली के दिन पूजा करते हैं। परन्तु श्री लक्ष्मी का विगत फिर भी समझने एवं मनन करने लायक है।

●

शक्ति एवं आस्था की प्रतीक मां लक्ष्मी

कभी मांगकर, कभी बिना मांगे ही वह दे देती हैं, हमारी जरूरतों को इतनी शिद्दत से शायद ही कोई और समझ सकता है। संभवत: इसलिए हमने इनकी आराधना के लिए मातृरूप ही चुना है। अपनी असली जिंदगी में भी हमने स्त्री को कभी शक्ति, कभी लक्ष्मी तो कभी सरस्वती कहकर पुकारा है। आइए जानते हैं हमने मां लक्ष्मी को किस रूप में पुकारा व स्वीकारा है।

आदिम समाज में जीवन असुरक्षित था और नारियों पर संतति को पालने का भार था। ऐसे में नारी उर्वरता और मातृत्व का प्रतीक बनी। यह भावना प्राय: विश्व की सभी प्राचीन संस्कृतियों में देखने को मिलती है। अदिति को ऋग्वेद में सार्वभौम भावना की देवी कहा गया है। आर्यों ने 'अदिति' को माता-पिता, पंचजन, देवता और आकाश सभी कुछ माना है। यही नहीं, उनकी दृष्टि में भूत और भविष्य सभी कुछ 'अदिति' था। वह संपूर्ण सृष्टि में व्याप्त है, ऐसा ऋग्वेद में कहा गया है।

ऋग्वेद की अदिति देवी की यूनान में 'अदेस', नारे में 'इदा' और यूरोप के अनेक देशों में 'अडोनिस' देवी के रूप में ऐसी प्रतिमाएं मिली हैं, जिनसे स्पष्ट होता है कि सृष्टि का आदिम स्रोत मातृ देवी से है और उनमें जीवन या सृष्टि की उत्पत्ति का सिद्धांत अंतर्निहित रहता है। यही स्वरूप भारतीय शिल्प में श्री लक्ष्मी की प्रतिमा में प्राप्त होता है। महाकाव्य काल में ब्रह्मा, विष्णु, महेश 'त्रिदेव' की उपासना की लोकप्रियता ने इन तीन देवों के परिवार रचे और ब्रह्माणी, वैष्णवी व पार्वती की अवधारणा प्रचलित हुई। विष्णु के साथ उनकी पत्नी लक्ष्मी या श्री की लोकप्रियता अधिक हुई क्योंकि लक्ष्मी यश, वैभव, ऐश्वर्य व धनधान्य की प्रतीक थीं।

☛ स्त्री शक्ति

शक्ति, ज्ञान और लक्ष्मी, ये तीनों हमारी मूलभूत जरूरतें हैं। इसलिए हम इन तीनों की

आराधना करते हैं। आराधना के लिए हम कोई-न-कोई प्रतिमा गढ़ते हैं अपनी कल्पना से, अपनी क्षमता से। लक्ष्मी, सरस्वती और शक्ति-तीनों की प्रतिमा हमने स्त्री रूप में गढ़ी और कहा, मां...! स्त्री का सबसे ज्यादा सृजनजशील, सबसे शक्तिशाली, सबसे विनम्र, सबसे समृद्ध, सबसे ज्यादा सहनशील, सबसे क्षमाशील, सबसे ममतामयी और सबसे ज्यादा समर्पित रूप मां...! हमने कहा, 'मां दुर्ग शक्ति दो।' 'मां लक्ष्मी धन दो।' 'मां सरस्वती ज्ञान दो।' वैसे ही जैसे हम अपनी मां से खाना, कपड़ा आश्रय और प्रारंभिक ज्ञान लेते हैं। कभी मांगकर, कभी बिना मांगे ही वह दे देती हैं हमारी जरूरतों को इतनी शिद्दत से शायद ही कोई और समझ सकता है। संभवतः इसलिए हमने इनकी आराधना के लिए मातृरूप ही चुना है।

अपनी असली जिंदगी में भी हमने स्त्री को कभी शक्ति, कभी लक्ष्मी तो कभी सरस्वती कहकर पुकारा है। घर की बहू-बेटियों को लक्ष्मी कहा। बेटी पैदा हुई तो कहा लक्ष्मी आई। बहू आई तो कहा गृहलक्ष्मी यानी घर की लक्ष्मी आई।

बौद्धों में लक्ष्मी श्री, यश एवं धन की देवी के रूप में प्रचलित हुईं। भरहुत, सांची, बोधगया व नागार्जुन कोंडा के स्तूप स्थापत्य में श्री लक्ष्मी का अंकन हुआ है। यहां कमलासना लक्ष्मी को गजाभिषेकयुक्त बताया गया है और अपने दोनों हाथों में कमल नाल व पूर्ण कुंभ लिए हुए उत्कीर्ण किया गया है। प्राचीन मूर्तिशिल्प में श्री देवी अथवा लक्ष्मी का चित्रण तीन रूपों में हुआ है। पहला, लक्ष्मी का श्री तथा कमलारूप, दूसरा गजलक्ष्मी रूप व तीसरा महालक्ष्मी रूप और प्रायः तीनों रूपों के लिए पुराणों में कथाएं दी गई हैं। विष्णु पुराण में कहा गया है कि महालक्ष्मी जगजननी हैं। ब्रह्मा, विष्णु आदि देवता भी इन्हीं से प्रकट होते हैं तथापि ये अपने एक एक स्वरूप से ब्रह्मा, विष्णु आदि की सेवा में भी रहती हैं। ये दो होकर भी एक हैं तथा एक होकर भी दो। दोनों ही रूपों से यह भगवान विष्णु की अंकशायिनी हैं। श्री ही लक्ष्मी हैं जिन्हें भूदेवी भी कहा जाता है।

इस तरह लक्ष्मी का एक स्वरूप श्रीनारायण से अभिन्न होते हुए सदैव उनके वक्षस्थल में वास करता है तथा कभी उनसे अलग नहीं होता। दूसरा स्वरूप भौतिक अथवा प्राकृत संपत्ति की अधिष्ठात्री देवी का है। यही श्रीदेवी या भूदेवी हैं। यह भी अनन्य भाव से भगवान विष्णु की सेवा में तत्पर रहती हैं।

उक्त भौतिक या प्राकृत संपत्ति जड़ स्वरूप है लेकिन उसे भी श्री या लक्ष्मी कहा जाता है। इस औपचारिक प्रयोग वाली जड़ संपत्ति पर अलग-अलग समय में भिन्न-भिन्न व्यक्तियों का अधिकार होता रहा है। यह कभी भी किसी एक की होकर नहीं रहती, कहीं भी स्थिर नहीं रहती। इसीलिए लक्ष्मी को चंचला, चपला, बहुगामिनी, सर्वभोग्या आदि भी कहा जाता है।

सर जॉन मार्शल इनकी माया देवी की प्रतिमा से तुलना करते हैं। भीटा व थबसाढ़ से प्राप्त मुद्राओं पर लक्ष्मी का यही रूप अंकित हैं। अग्नि पुराण में लक्ष्मी को चतुर्हस्ता कहा

गया है, जो अपने दाहिने हाथों में चक्र, शंख और बाएं में गदा व कमल धारण किए हैं। खजुराहो, के विष्णु मंदिर में लक्ष्मी का जो अंकन हुआ है, वह भागवत में वर्णित कथा एवं स्वरूप को व्यक्त करता है। विष्णु की पादपीठिका के नीचे अनेक छोटी आकृतियों में लक्ष्मी का अंकन है। देवी कूर्म पर ध्यान मुद्रा में बैठी हैं। पार्श्व में सर्वपुच्छयुक्त दो नाग अंजलि मुद्रा में हाथ जोड़े खड़े हैं। मकरवाहिनी, जलदेवियां पूर्ण कुंभ लिए हैं। कूर्मासना लक्ष्मी को किन्नरगण वेणुगान सुना रहे हैं। कौशाम्बी, उज्जैयिनी और मथुरा से प्राप्त ईसा पूर्व प्रथम शताब्दी की मुद्राओं पर लक्ष्मी का गजाभिषेक रूप अंकित मिलता है। पांचाल कुर्णिद, यौधेय और कुषाण सिक्कों पर भी लक्ष्मी का कमलासना, गजाभिषेक अंकन मिलता है। भुवनेश्वर और जगन्नाथपुरी के मध्यकालीन मंदिर स्थापत्य में लक्ष्मी का पौराणिक रूप अंकित हुआ है। लक्ष्मी प्रतिमा में प्रकृति पूजा के तत्त्व जल व कमल रूप में व पशु पूजा के तत्त्व गज के रूप में आत्मासात किए हुए, जिसमें कार्तिक अमावस्या के दिन नवानन धान्य (खील-धानी, शर्करा, गन्ने) से पूजने का विधान हुआ। कृषि प्रधान भारत की यह लक्ष्मी ही यूनान पुराकथाओं में अफ्रोदीती के नाम से पूज्य बनीं। लक्ष्मी से प्रकाश की प्रार्थना की गई है। इसलिए दीप पूजा गोवर्धन-पूजा भी इससे जुड़ गए।

कहां रहती हैं लक्ष्मी जी?

धन की अधिष्ठात्री के रूप में मां लक्ष्मी की पूजा तो हम सभी करते हैं, लेकिन क्या आप जानते हैं कि लक्ष्मी जी का निवास स्थल कहा है? वह कहां रहना और कहां नहीं रहना पसंद करती हैं? मां लक्ष्मी के निवास स्थल से जुड़े स्थानों की जानकारी इस प्रकार है।

धन की देवी लक्ष्मी का निवास कहां-कहां रहता है, वह किस के घर रहना पसंद करती हैं? यह शास्त्रों में उल्लेखित है। भगवान श्रीकृष्ण की पट्टमहिषी महारानी रुक्मिणी एक बार अपनी अभिन्नरूपा लक्ष्मी जी से भेंट करने बैकुंठ पधारीं और वहां लक्ष्मी जी को भगवान विष्णु के समीप बैठी देखकर बड़ी प्रसन्न हुईं फिर लोक-कल्याण के लिये प्रद्युम्न की माता रुक्मिणी जी ने लक्ष्मी देवी से पूछा- देवी! आप किस स्थान पर और कैसे मनुष्यों के पास रहती हैं?

लक्ष्मी ने उत्तर दिया- कल्याणी! सुनो जो मनुष्य मिष्टभाषी कार्यकुशल, क्रोधहीन, भक्त, कृतज्ञ, जितेन्द्रिय और उदार हैं, उनके यहां मेरा निवास होता है। सदाचारी, धर्मज्ञ, बड़े- बूढ़ों की सेवा में तत्पर, पुण्यात्मा, क्षमाशील और बुद्धिमान मनुष्यों के पास मैं सदा रहती हूं। जो स्त्रियां पति की सेवा करती हैं, जिनमें क्षमा, सत्य, संयम, सरलता आदि सद्गुण होते हैं, जो देवताओं और ब्राह्मणों में श्रद्धा रखते हैं, जिनमें सभी प्रकार के शुभ लक्षण मौजूद हैं, उनके समीप मैं निवास करती हूं। कुंवारी कन्या, आभूषण, यज्ञ, जल से पूर्ण मेघ, फूले हुए कमल शरद ऋतु के नक्षत्र, हाथी, गायों के रहने के स्थान, आसन, फूले हुए कमलों से सुशोभित तालाब, मतवाले हाथी, सांड, राजा, सिंहासन, सज्जन पुरुष, विद्वान, ब्राह्मण, प्रजापालक क्षत्रिय, खेती करने वाले वैश्य तथा सेवापरायण शूद्र मेरे प्रधान निवास हैं। जिस घर में सदा हवन होता है और देवता, गौ तथा ब्राह्मणों की पूजा होती है, उस घर को मैं कभी नहीं छोड़ती। भगवान नारायण धर्म, ब्राह्मणत्व और संसार के एकमात्र आधार हैं, इसी से मैं इनके शरीर में एकाग्रचित्त और अभिन रूप से रहती हूं। भगवान नारायण के सिवा अन्यत्र कहीं भी मैं शरीर धारण करके नहीं रहती। जहां मेरा वास होता है। वहां धर्म, अर्थ और सुयश की वृद्धि होती रहती है।

अब जिन स्थानों से मुझे घृणा है उसका वर्णन सुनो- जो अकर्मण्य, नास्तिक, कृतघ्न, आचार भ्रष्ट, नृशंस चोर, गुरुद्रोही, उद्धत है तथा कपटी हैं और बल बुद्धि से हीन हैं। उनके पास मैं नहीं रहती।

इसी तरह विष्णु धर्म सूत्र के ९९वें अध्याय में कथा आती है कि एक बार भूदेवी ने लक्ष्मी जी से पूछा कि 'हे देवी! आप भगवान विष्णु के वामभाग के अतिरिक्त और कहां-

कहां निवास करती हैं?' भूदेवी के प्रश्न के उत्तर में लक्ष्मी ने इस प्रकार बताया- लक्ष्मी जी बोलीं, 'स्वर्ण समान पीतवर्ण वाली हे भूदेवी! मैं सदैव भगवान मधुसूदन के वाम भाग में निवास करती हूं तथा उन्हीं को आज्ञानुसार उन्हीं के द्वारा निर्धारित स्थलों पर गमन करती हूं। जिस भी मनुष्य के पास जाती हूं, संतपुरुष उसी को श्री सम्पन्न कहते हैं। मेरा निवास सत्यनिष्ठ, जीवों के हितैषी, क्षमाशील, क्रोधरहित, अपने और पराये को सुख पहुंचाने वाले, सदैव विनयपूर्वक व्यवहार करने वाले प्राणी में होता है।' महर्षि जैमिनी के अनुसार जिस घर की स्त्री आज्ञाकारिणी होती है, वहां लक्ष्मी रहती हैं। बिरला मन्दिर जयपुर, लक्ष्मी नारायण मन्दिर भुवनेश्वर, लक्ष्मी नारायण मन्दिर करांची, लक्ष्मी मन्दिर ब्रजराज नगर, लक्ष्मी नारायण मन्दिर दिल्ली, महालक्ष्मी मन्दिर कोल्हापुर, लक्ष्मी मन्दिर किसानपुर, लक्ष्मी मन्दिर भक्तापुर (नेपाल), लक्ष्मी मन्दिर शिरडी लक्ष्मी जी के प्रमुख मंदिर हैं।

पुराणों के अनुसार जिस घर में सद्‌गुण संपन्न नारी निवास करती है वहां लक्ष्मी निवास करती हैं। देवता भी उस घर को नहीं छोड़ते हैं। लक्ष्मी वहां निवास नहीं करती जहां शंख ध्वनि नहीं होती, तुलसी का निवास नहीं रहता, शंकर की पूजा नहीं होती तथा ब्राह्मण को भोजन नहीं कराया जाता है। जहां ब्राह्मण तथा देवताओं तथा भगवान के भक्तों की बुराई होती है वहां रहने वाली महालक्ष्मी के मन में अपार क्रोध उत्पन्न हो जाता है। अत: वह उस स्थान को छोड़कर चली जाती हैं। जो भगवान कृष्ण की उपासना नहीं करता तथा एकादशी और जन्माष्टमी के दिन अन्न खाता है उस व्यक्ति के घर से भी लक्ष्मी रुककर चली जाती हैं। जो व्यक्ति भगवान के नाम का विक्रय तथा अपनी कन्या का विक्रय करता है एवं जहां अतिथि भोजन नहीं पाता उस घर को त्याग कर लक्ष्मी अन्यत्र चली जाती हैं।

जिस घर में कलह करने वाली, कटुभाषिणी, शंकालु, गुस्सैल, बुद्धिहीन और दुराचारिणी नारी रहती है वहां लक्ष्मी भूलकर भी नहीं जाती हैं। सामान्यत: व्यक्ति धन पाकर घमंड से भर जाता है और गुणों के स्थान पर उसमें अवगुण भरने लगते हैं। ऐसी स्थिति में लक्ष्मी भी वहां निवास नहीं कर पातीं। इसलिए लक्ष्मी को चंचला कहा गया है, मूलत: यह स्वभाव लक्ष्मी का नहीं वरन व्यक्ति के गुणों का है।

लक्ष्मी का वास कहां-कहां है, इसका स्मृतियों, पुराणों एवं महाभारत में कई जगहों पर उल्लेख है।

एक समय की बात है। राजा बलि गुप्त रूप से गधे के रूप में वास कर रहे थे। इंद्र ने बड़ी कठिनता से उन्हें ढूंढ निकाला। बलि ने इंद्र को तत्त्वज्ञान की बात बताई और काल के महत्त्व के संबंध में उपदेश दिया। दोनों में बातें हो रही थीं कि अकस्मात एक दिव्य नारी बलि के शरीर से निकली और इंद्र की ओर बढ़ने लगी। उसे देखकर इंद्र को बड़ा ही विस्मय हुआ। उन्होंने बलि से पूछा- दानवराज! तुम्हारे शरीर से यह कौन दिव्यमयी नारी बाहर निकली है? यह कौन है? देवी है, मानुषी है या आसुरी?

तब बलि ने इंद्र से कहा– देवराज! न तो यह देवी है, न ही मानुषी और न ही आसुरी। यह कौन है, क्या है और इसका अभिप्रेत क्या है, आप ही इससे पूछ लें, तब इंद्र ने उस दिव्य नारी से पूछा– हे देवी! आप कौन हैं तथा दैत्यराज बलि के शरीर को छोड़कर मेरी ओर क्यों आ रही हैं?

उस दिव्य नारी ने उत्तर दिया– हे देवेंद्र! न तो बलि मुझे जानते हैं और न ही इनके पिता विरोचन मुझे जानते थे। विद्वान लोग मुझे अनेक नामों से पुकारते हैं, जिनमें मुख्य हैं दुस्सहा, विधित्सा, भूति, श्री और लक्ष्मी। इन नामों में मैं लक्ष्मी के नाम से ज्यादा प्रख्यात हूं। आप और दूसरे देवता लोग भी मुझे नहीं जानते हैं।

इंद्र ने पुनः पूछा– देवी! आप काफी समय तक दैत्यराज बलि के पास रहीं। अब दैत्य लोगों में ऐसा कौन सा दोष आ गया है जो इन्हें छोड़ रही हैं और मुझमें कौन सा गुण देखकर मेरे पास आ रही हैं?

तब लक्ष्मी ने कहा– हे देवराज! मुझे एक स्थान से दूसरे स्थान पर कोई न तो ले जा सकता है और न ही हटा सकता है, यहां तक कि धाता और विधाता भी नहीं। मेरी जब जहां इच्छा होती है, जाती हूं। खासकर काल के प्रभाव से मैं एक को छोड़कर दूसरे के पास जाती हूं। मैं दैत्यराज बलि को छोड़ रही हूं, फिर भी आप बलि का अनादर नहीं कीजियेगा।

इंद्र ने कहा– अच्छी बात है देवी, मैं कभी इनका अनादर नहीं करूंगा, लेकिन आप इतना तो बताइए कि आप दैत्यों के पास क्यों नहीं रहना चाहतीं।

लक्ष्मी बोली, जहां सत्य, दान, व्रत, तप, पराक्रम तथा धर्म रहते हैं, मैं वहां रहती हूं। दैत्यगण इस समय इन सबसे विमुख हो गए हैं। पहले ये सत्यवादी, जितेन्द्रिय और ब्राह्मणों के हितेषी थे। लेकिन, अब ये उनसे ईर्ष्या करने लगे हैं, जूठे हाथ घी छूते हैं, अभक्ष्य भोजन करते हैं तथा धर्म की मर्यादा तोड़कर मनमाना आचरण करते हैं। पहले ये उपवास और तप में लगे रहते थे। प्रतिदिन सूर्योदय के पहले जागते थे तथा रात में कभी दही और सत्तू नहीं खाते थे। रात के आधे भाग में ही ये सोते थे, दिन में तो कभी सोने का नाम भी नहीं लेते थे। गरीब, अनाथ, वृद्ध, दुर्बल, रोगी तथा स्त्रियों पर दया करते थे तथा उनके लिए अन–वस्त्र की व्यवस्था, व्याकुल, विषादग्रस्त, भयभीत, रोगी, दुर्बल, पीड़ित तथा जिसका सर्वस्व लुट गया हो उनको सदा ढाढ़स बंधाते तथा उनकी सहायता करते थे। पहले ये कार्य के समय परस्पर अनुकूल रहकर गुरुजनों तथा बड़े–बूढ़ों की सेवा में सदा दत्तचित्त रहते थे। ये उत्तम भोजन बना कर अकेले नहीं खाते थे। पहले दूसरों को देकर पीछे खाते थे। सब प्राणियों को अपने ही समान समझकर उन पर दया करते थे। चतुरता, सरलता, उत्साह, निरहंकारता, सौहार्द, क्षमा, सत्य, दान, तप, पवित्रता, दया, कोमल वाणी और मित्रों से प्रगाढ़ रहते थे। निद्रा, आलस्य, अप्रसन्नता, दोषदृष्टि, अविवेक, असंतोष और कामना ये दुर्गुण इन्हें स्पर्श तक नहीं कर सके थे। लेकिन, अब तो ये सारी चीजें विपरीत हो गई हैं, धर्म तो अब इनमें रह ही नहीं गया है।

ये सदा काम क्रोध के वशीभूत रहते हैं, बड़े-बूढ़ों की सभा में ये गुणहीन दैत्य उनमें दोष निकालते हुए उनकी हंसी उड़ाया करते हैं। संतानों के उचित लालन-पालन पर अब ध्यान नहीं दिया जाता। इनके भोजन वाले भी पवित्र नहीं होते। छोटे बालक आशा लगाकर टकटकी बांधे देखते ही रह जाते हैं और दैत्य लोग खाने की चीजें अकेले ही चट कर जाते हैं। ये पशुओं को घर में बांध देते हैं, लेकिन चारा और पानी देकर उनकी देखभाल नहीं करते। शिष्य अब गुरुओं से सेवा करवाते हैं। यदि संक्षेप में कहूं तो ये सब के सब कृतघ्न, नास्तिक और पापाचारी बन गए हैं। अब इनके बदन पर पहले जैसा तेज नहीं रह गया है। अतः हे देवराज! अब मैंने भी निश्चय कर लिया है कि इनके घर में नहीं रहूंगी। इसी कारण दैत्यों का परित्याग करके आपकी ओर आ रही हूं, आप मुझे स्वीकार कीजिए जहां मैं रहूंगी वहां आशा, श्रद्धा, धृति, क्षान्ति, विजिति, संतति, क्षमा और जया ये आठ देवियां भी मेरे साथ निवास करेंगी। मेरे साथ ही ये सभी देवियां भी असुरों को त्यागकर आ गई हैं। आप देवताओं का मन अब धर्म में लग गया है, अतः अब हम आपके यहां ही निवास करेंगी।

लक्ष्मी जी की बात सुनकर इंद्र ने उनका अभिनंदन किया। सारे देवता भी उनका दर्शन करने के लिए वहां आ पहुंचे। तत्पश्चात् लक्ष्मीजी को साथ लेकर सभी स्वर्ग लौट गए।

नारदजी ने लक्ष्मीजी के आगमन की स्वर्गीय सभा में प्रशंसा की। एक साथ ही पुनः सभी देवताओं ने बाजे-गाजे के साथ फूल और अमृत की वर्षा की। अखिल संसार धर्ममय तथा सुखमय हो गया।

●

लक्ष्मी जी के प्रमुख नाम

यूं तो लक्ष्मी जी को हमारे शास्त्रों में हजारों नामों से संबोधित किया गया है। परंतु हम यहां लक्ष्मी जी के सबसे प्रमुख इकतालीस नाम उनके अर्थ और अभिप्राय सहित दे रहे हैं-

1. **आयुतवल्लभा**- आयुत अर्थात् भगवान विष्णु की प्रिया।
2. **अनपगामिनी**- विष्णु से कभी भी अलग न होने वाली।
3. **आर्द्रा**- गजेन्द्र द्वारा लाई गई।
4. **करीषिणी**- ऐरावत (समुद्र मंथन से प्राप्त हाथी) पर सवारी करने वाली।
5. **तर्पयंती**- तृप्ति प्रदान करने वाली।
6. **त्रिभुवनभुविकारी**- तीनों लोकों को वैभव संपन्न कराने बाली।
7. **क्षमा**- सबको माफ करने वाली।
8. **गोदा**- गौ धन की दाती।
9. **आदित्यवर्णा**- सूर्य के समान तेजोमय।
10. **ज्वलन्ती**- दीप्तिमय।
11. **पद्मप्रिया**- कमल को पसंद करने वाली।
12. **धनदा**- धन-धान्य देने वाली।
13. **देवजुष्टा**- सभी देवों द्वारा पूजित।
14. **पद्माक्षी**- कमल पत्र के समान नेत्रों वाली।
15. **पद्मिनी** - सौंदर्य की देवी।
16. **पिंगला**- दीपशिखा के समान प्रज्वलित दिखने वाली।
17. **पुष्टि**- सबका पोषण करने वाली।
18. **मनोज्ञा**- सबकी अभिलाषा स्वयं जानने वाली।
19. **माता**- जगत की सृष्टि करने वाली।
20. **माधवप्रिया**- विष्णु को प्राणों से भी प्रिय।
21. **पुष्पकरिणी**- हाथ में कमल धारण करने वाली।
22. **प्रभाषा**- उत्तम कांति से संपन्न।

23. **महाधना**- पर्याप्त धन वाली।
24. **भूमि**- परम सत्ता प्राप्त करने वाली।
25. **यशसा ज्वलंती**- यशों से विश्वविख्यात।
26. **यष्टि**- पूजने योग्य अम्बिका।
27. **उदारा**- भक्तों का उद्धार करने वाली।
28. **विश्वप्रिया**- विष्णु की प्रिय पत्नी।
29. **श्री**- भगवान का आसरा लेकर विराजित।
30. **सरोजहस्ता**- दोनों हाथों में कमल धारण किए हुए।
31. **हेमामालिनी**- स्वर्ण मालाओं को धारण करने वाली।
32. **विष्णुसखि**- भगवान विष्णु की सखी या मित्र।
33. **हरिवल्लभा**- नारायण अर्थात् विष्णु की प्राणाधार।
34. **हिरण्यवर्णा**- स्वर्ण के समान चमकयुक्त पीतवर्ण वाली।
35. **लक्ष्मी**- सभी का उद्धार करने वाली।
36. **भक्ताभिलाषी**- भक्तों की अभिलाषा पूरी करने वाली।
37. **विष्णु मनोनुकूला**- विष्णु के मन के अनुकूल रहने वाली।
38. **पद्मोरू**- आसन रूप में कमल पर विराजमान रहने वाली।
39. **सोहिवसमता**- मंद-मधुर मुस्कान से युक्त।
40. **सर्वमातेश्वरी**- संसार की माता।
41. **सर्वभर्तेश्वरी**- संसार का भरण-पोषण करने वाली।

लक्ष्मी जी के आठ रूप

मनुष्य के जीवन में दुख-दरिद्रता को नष्ट करने वाली मां लक्ष्मी विभिन्न रूपों में अपने भक्तों पर कृपा बरसाती हैं। मां लक्ष्मी के सभी रूप सुख-समृद्धि व धन-धान्य में वृद्धि करने वाले हैं। इनकी आराधना भक्तों के जीवन को सौभाग्य से भर देती है। वैसे तो संसार में मां लक्ष्मी के कई रूप व नाम प्रचलित हैं, परन्तु भारतीय समाज में मां लक्ष्मी के आठ रूप प्रसिद्ध हैं। जो इस प्रकार हैं।

☛ धन लक्ष्मी

लक्ष्मी के विभिन्न रूपों में से एक रूप है धन लक्ष्मी, अर्थात् रुपयों, पैसों की देवी। धन की स्थिरता एवं आगमन दोनों बने रहें, ऐसी कामना की पूर्ति के लिए लक्ष्मी के जिस रूप को पूजा जाता है उसका नाम है धन लक्ष्मी।

☛ धान्य लक्ष्मी

घर में कभी अन्न की कमी ना हो तथा प्रकृति निरंतर अच्छी फसल प्रदान करती रहे, क्योंकि इसी धान्य पर हम आश्रित हैं। इन सब की पूर्ति एवं निरंतर उपलब्धता के लिए लक्ष्मी के धान्य रूप की पूजा अर्चना की जाती है, जिसे हम धन्य लक्ष्मी कहते हैं।

☛ विद्या लक्ष्मी

जीवन में सही समय पर हमें सही विद्या एवं ज्ञान प्राप्त हो सके, जिससे हम निरंतर उन्नति की ओर अग्रसर रहें, इसके लिए जरूरी है विद्या लक्ष्मी की हमारे ऊपर पूर्ण कृपा।

☛ धैर्य लक्ष्मी

लक्ष्मीपति होने का विशेष गुण है धैर्य धारण करना। यदि मनुष्य स्थिर प्रकृति का है, तो चंचला लक्ष्मी भी उसके पास स्थिर रहती है। इसलिए जीवन में धैर्य का होना जरूरी है, जिसकी प्राप्ति के लिए धैर्य लक्ष्मी की पूजा-अर्चना आवश्यक है।

☛ यश लक्ष्मी

इज्जत व सम्मान प्राप्त करने में वर्षों बीत जाते हैं। परन्तु गंवाने में कुछ ही पल लगते हैं। जीते जी यश प्राप्त हो तथा यह यश स्थिर बना रहे, ऐसी इच्छा के लिए यश लक्ष्मी को पूजा जाता है।

☛ संतान लक्ष्मी

जब लक्ष्मी इस रूप में रहती हैं, तो जातक को संतान की प्राप्ति होती है, उसके वंश की वृद्धि होती है। संतान की कमी व अभाव से जीवन नीरस तथा आलस्य पूर्ण बनता है, जिसका प्रभाव जातक की आयु पर भी पड़ता है। ऐसा न हो इसके लिए लक्ष्मी के संतान लक्ष्मी रूप का पूजन करना चाहिए।

☛ सौभाग्य लक्ष्मी

मेहनत सभी करते हैं परंतु, भाग्य के साथ ना देने के कारण कुछ पिछड़ जाते हैं। इसलिए सफलता के लिए भाग्य का होना भी जरूरी है, जिसके अभाव को सौभाग्य लक्ष्मी रूप की स्तुति द्वारा पूरा किया जा सकता है।

☛ आयु लक्ष्मी

अपने जीवन में आयु के रहते अधिक से अधिक सुख को भोगकर जीवन के सपनों को साकार कर पाएं, इसके लिए लक्ष्मी के आयु लक्ष्मी रूप की आराधना करनी चाहिए।

●

नामानुसार लक्ष्मी जी के रूप

वैदिक काल से लेकर आधुनिक काल तक लक्ष्मी पूजा का क्रमिक विकास रहा है। ऋग्वेद के श्री सूक्त से लक्ष्मी पूजा की परंपरा का शुभारंभ माना जाता है। यहां वैदिकी लक्ष्मी विश्व के देशों में कई रंग-रूप और नाम से प्रचलित हो गईं। वैदिकी लक्ष्मी खूब सज-धजकर हाथी-घोड़े-रथ के बीच में होकर चला करती थी। आज भी लोक परंपरा में विवाह के समय लोग कन्या सरीखी लक्ष्मी के स्वागत में हाथी-घोड़े-वाहन का प्रयोग करते हैं।

☛ ज्योतिर्लक्ष्मी

सिंधु सभ्यता के उत्खनन में ज्योतिर्लक्ष्मी की मूर्ति मिली जिसे दीप लक्ष्मी कहा जाता है। दीपावली की रात्रि में नारियां स्वयं ज्योतिर्लक्ष्मी बनकर भवन-आंगन, मंदिर, कूप नदी, सरोवर आदि स्थानों में दीप जलाकर तमसो मा ज्योतिर्गमय की कल्पना को साकार करती हैं।

☛ अन्नपूर्णा लक्ष्मी

अन्न ही प्राण हैं। विश्व खाद्यान्न से ही जीवित है। अन्नपूर्णा लक्ष्मी विश्व का भरण पोषण करती हैं। पश्चिम बंगाल में इन्हें लक्खी मां यानी लक्ष्मी माता कहा जाता है। यह धान की अधिष्ठात्री हैं। कार्तिक मास में घरों में धान की फसल आने लगती है। गांवों में लक्ष्मी माता नावान्न धान की पूजा होती है। आधुनिक नारियां अन्नपूर्णा का साक्षात् रूप हैं। विवाह मंडप में नववधू पर धान की खील अर्पित की जाती है। ससुराल आने पर यही नववधू अन्नपूर्णा पार्वती बनकर रसोई घर का संचालन कर परिवार को भरपेट भोजन कराती है। लोक परंपरा में उन्हें रसोई घर की लक्ष्मी कहा जाता है।

☛ गृहलक्ष्मी

समुद्र मंथन के समय लक्ष्मी और चन्द्रमा एक साथ उत्पन्न हुए थे। चन्द्रमा लक्ष्मी के भाई हैं इसलिए बच्चे चन्द्रमा को चन्दा मामा कहते हैं। लक्ष्मी क्षीर समुद्र में विष्णु के संग रहती हैं। लक्ष्मी को श्रीमती भी कहा जाता है। नारियां विवाह के बाद अपने नाम के पहले श्रीमती

लिखती हैं। विवाह के बाद प्रत्येक नारी लक्ष्मी होती है। विवाह के बाद जब दुल्हन अपने ससुराल आती है तब दूल्हे को लक्ष्मी पूजा करनी होती है। उन्हें गृहलक्ष्मी के नाम से सम्मानित किया जाता है।

☛ दीप लक्ष्मी

घर-आंगन और मन्दिर में दीप जलाने वाली लक्ष्मी को दीप लक्ष्मी कहा जाता है। ज्योति को लक्ष्मी की झलक कहा गया है। लक्ष्मी अग्नि की बेटी भी है। रोम में इन्हें 'वेस्ता' कहा जाता हैं। इनके मन्दिर में कुंआरी लड़कियां वेदी में आग जलाती हैं। 'वेस्ता' का संबंध रसोई घर से भी है। आज भी नारियों का वर्चस्व रसोईघर एवं पाकशाला में विद्यमान है। यूरोप की डायना ज्योति लक्ष्मी हैं। इन्हें चन्द्रपरी कहा जाता है।

☛ क्षीरदा

लक्ष्मी क्षीर सागर में निवास करती हैं इसलिए वे क्षीरदा हैं। क्षीर का अर्थ दूध होता है, जिस प्रकार लक्ष्मी रूपा नारियां अपने बच्चों को स्तनपान के जरिए दूध पिलाकर उन्हें निरोगी और दीर्घायु बनाती हैं। ठीक उसी प्रकार आदि गो सुरभि लक्ष्मी जन-जन को दूध प्रदान करती हैं। गाए क्षीरदा और क्षीर भवानी कहलाती थीं। गोपाष्टमी के दिन सुरभि लक्ष्मी की प्रतीक गायों का पूजनोत्सव मनाया जाता है। इन्द्र ने सुरभि लक्ष्मी की पूजा क्षीरदा (दूध) और धनद (धन) के रूप में कर देश में डेयरी उद्योग के विकास के लिए संदेश दिया है। गोबर से बिजली उत्पादन भी होता है। गोबर लक्ष्मी की महिमा अपार है। वह कृषि की ऊर्जा हैं।

☛ नागलक्ष्मी

अतल, वितल, सुतल, महातल, तलातल, रसातल और पाताल में नागलक्ष्मी निवास करती हैं। इन्हें पाताल लक्ष्मी कहा जाता है। ये रत्नों और मणियों के आभूषणों से सुसज्जित होकर महलों में नृत्य और संगीत का आयोजन करती हैं। इन पातालों में हेमवती नदी बहती है जिनके सिकता कणों में स्वर्ण पाया जाता है, इस प्रकार रत्न-मणि-स्वर्ण के अलंकारों से विभूषित होकर नाग कन्याएं सदा दीपावली मनाती हैं।

☛ अलक्ष्मी

अलक्ष्मी और लक्ष्मी दोनों सगी बहनें हैं। दोनों का जन्म समुद्र से हुआ था। अलक्ष्मी को दरिद्रा भी कहा जाता है, जो अशांत, कलह प्रिय और नास्तिकों के परिवार में निवास करती हैं। लक्ष्मी धार्मिक, आस्तिक, परोपकारी और सात्त्विक विचार वालों के संग रहती हैं। काला बाजारी घूस, घोटाला, भ्रष्टाचार और शोषण से अर्जित धन को अलक्ष्मी कहते हैं।

☛ शुभ लक्ष्मी

लक्ष्मी पूजन से ऐश्वर्य, पुत्र, कीर्ति, धन आदि की प्राप्ति होती है। ऐसी शुभ लक्ष्मी की पूजा सर्वप्रथम नारायण ने बैकुण्ठ में की थी। द्वितीय बार ब्रह्मा और तृतीय बार शंकर ने शुभ महालक्ष्मी की पूजा की थी। इसी क्रम में विष्णु ने पृथ्वी पर क्षीर सागर और नाग-गन्धर्वों ने पाताल में जाकर शुभ लक्ष्मी की उपासना की थी। ब्रह्मांड में शुभ लक्ष्मी विराजमान रहती हैं। वह सब की झोली में वैभव और संपदा डाल देती हैं। वह नारियों का भाग्य श्री करती हैं।

☛ वैदिकी लक्ष्मी

यह लक्ष्मी सोने के रंग की हैं। वह सोने-चांदी के हार पहनती हैं। वह चन्द्र मुखी हैं। वह दारिद हारिणी हैं। वैदिकी लक्ष्मी के कारण देश को सोने की चिड़िया कहा जाता था। देश धन-धान्य से समृद्ध था। इस प्रकार विश्व में लक्ष्मी दैदीप्यमान रही हैं।

●

क्या और क्यों प्रिय है लक्ष्मी जी को?

मां लक्ष्मी के रूप-स्वरूप की बात करें तो बहुत कुछ है जिनसे मिलकर मां लक्ष्मी के रूप की तस्वीर पूरी होती है फिर वह उनका आसन कमल हो या वाहन उल्लू, उनके चरणों में रखी जाने वाली कौड़ियां हों या कांधों के पास गजराज। क्या महत्त्व है इनका तथा यह किस बात के प्रतीक हैं? आइए जानते हैं।

☛ उल्लू

जिस तरह पशुओं में गधे को मूर्खता का प्रतीक माना जाता है उसी तरह उल्लू को भी बुद्धिहीनता या बेवकूफी का पर्याय मान लिया गया है। वस्तुतः उल्लू का मूर्खता से कोई लेना-देना नहीं है। यह एक शांत, एकांतप्रिय पक्षी है। इसकी खास विशेषता यह है कि इसके शरीर का तापमान वातावरण के साथ घटता-बढ़ता नहीं है। अतः शांत स्वभाव वाली महारानी लक्ष्मी जी ने इस समतापी पक्षी को अपना वाहन कबूल किया। उनका यह कहना वास्तव में पक्षी उल्लू का प्रतीक नहीं बल्कि योगी का प्रतीक है। एक सच्चा आराधक-उपासक रात्रि में दो तीन बजे उठकर नित्य कर्म से निवृत्त होने के बाद पूजा-आराधना प्रारंभ कर देता है, जिससे भगवान भास्कर के उदय होने तक वह पूजन प्रक्रिया पूर्ण कर ले।

श्री विष्णु भगवान की परमप्रिय लक्ष्मी जब अपने पतिदेव के साथ किसी के यहां जाती हैं तब वह विष्णु भगवान की गोद में गरुड़ पर सवार रहती हैं। परंतु यदि कोई भगवान को छोड़कर अकेली लक्ष्मी का आह्वान करता है तब उनका वाहन दिन में न देख सकने वाला विनाश का प्रतिनिधि उल्लू होता है। आप सब जानते हैं कि गरुड़ के दर्शन को सर्व साधारण समाज समस्त मंगल का मूल समझता है और उल्लू उजाड़ घर चाहने वाला मनहूस जानवर है।

अतः जिस व्यक्ति के यहां जप, पूजा-पाठ, ईश्वर आराधना, देव-पितृ कर्म, दान-पुण्य

और अतिथि सत्कार होता है वहां समझें कि लक्ष्मी अपने पतिदेव श्रीमन्नारायण सहित पधारी हैं और जहां अनाचार, पापाचार, व्यभिचार, दुराचार, अत्याचार और प्रमाद का बोलबाला हो, देश-जाति धर्म रक्षा के आवश्यक कार्यों को सामने देखते हुए भी आंखें बंद कर लेता हो, शराब-कबाब, वेश्यागमन और मुकदमेबाजी में रुपए का अपव्यय किया जा रहा हो, वहां जान लेना चाहिए कि लक्ष्मी जी अकेले ही अपने वाहन उल्लू पर तशरीफ लाई हैं।

☛ कौड़ियां

आज हालांकि कौड़ी का मुद्रा के रूप में प्रचलन नहीं रहा लेकिन हमारी भाषा में, मुहावरों में, लोकोक्तियों में कौड़ी शब्द का उपयोग बहुत होता है। आज भी किसी को हिकारत से धिक्कारते हुए दो कौड़ी का सम्बोधन दिया जाता है। कौड़ी हमारे धार्मिक, सामाजिक, सांस्कृतिक जीवन से इस कदर जुड़ी हैं कि कौड़ी उपासना की वस्तु है तो श्रृंगार की सामग्री भी, सजावट की वस्तु है तो मनोरंजन का साधन भी। इसका प्रयोग आभूषण एवं टोटकों के लिए भी होता है। संपदा की प्रतीक कौड़ियों को लक्ष्मी का प्रतीक माना गया है। समुद्र से उत्पन्न जितनी भी वस्तुएं होती हैं वे किसी न किसी रूप में लक्ष्मी पूजा में अथवा लक्ष्मी के प्रतीक के रूप में उपयोग की जाती हैं। शंख समुद्र से उत्पन्न होता है अतः इसे लक्ष्मी का भाई माना गया है। शंख की पूजा का विशेष विधान है। कौड़ी भी समुद्र से उत्पन्न होती है अतः इन्हें लक्ष्मी कारक माना गया है। कौड़ी के बहुत से प्रयोग हैं।

कौड़ी का संबंध शिव से भी जोड़ा गया है। शिव की बंधी जटाओं की शक्ल कौड़ी से बहुत मिलती-जुलती है। इसी कारण शिव को कपर्दिन कहा गया होगा। शिव के वाहन नंदी को आज भी कौड़ियों से खूब सजाया जाता है। शिव के 18 श्रृंगारों में कौड़ी भी सम्मिलित है। कहते हैं गल्ले में, पैसों की अलमारी में, लॉकर आदि में कौड़ियों को केसर या हल्दी से रंगकर, पीले कपड़े में बांधकर रखने से लक्ष्मी आकर्षित होती हैं।

☛ आसन कमल

लक्ष्मी जी का आसन कमल पुष्प है। कमल पानी में उत्पन्न होता है। इसका संपूर्ण तना पानी में डूबा रहने के बावजूद कमल के पत्तों पर पानी की बूंद नहीं ठहरती और कमल पुष्प सदैव जल के कुछ ऊपर रहता है। लक्ष्मी जी भी केवल उन भक्तों के हृदय में निवास करती हैं, जो संसार में रहते हुए भी माया में लिप्त नहीं होते, बल्कि लोभ, मोह, काम, क्रोध और अहंकार जैसे दुर्गुणों से कुछ ऊपर उठ चुके होते हैं।

एक प्रचलित मान्यता के अनुसार लक्ष्मी को कमल से उत्पन्न माना जाता है, इसीलिए उन्हें पद्मजा भी कहते हैं। एक पौराणिक कथा के अनुसार सागर मंथन के दौरान सबसे पहले कमल पुष्प की ही सृष्टि हुई। भगवान विष्णु की नाभि से एक कमल दंड पैदा हुआ। जब

वह सागर से बाहर आया, तो उसमें एक पुष्पकली लगी हुई थी। इसी कली के खिलने पर ब्रह्माजी की उत्पत्ति हुई। ब्रह्माजी ने सृष्टि की रचना करते हुए नर रूप में मनु तथा नारी रूप में शतरूपा का सृजन किया। इस प्रकार सृष्टि को आरंभ करने का श्रेय कमल को ही जाता है। कमल भारतीय धर्म, दर्शन एवं संस्कृति का संदेशवाहक है। यह एक सात्विक पुष्प है। कीचड़ में उत्पन्न होते हुए भी यह शुद्ध होता है। शास्त्रों के अनुसार कमल मनुष्य को सिखाता है कि संसार रूपी कीचड़ में रहते हुए भी उसे इसमें डूबना नहीं चाहिए।

☛ गजराज

इसी प्रकार अधिकांश चित्रों में गज को प्रदर्शित किया जाता है। यह प्रतीक है इस बात का कि लक्ष्मी जी की कृपा होने पर अधिकांश व्यक्ति धन और मान की गर्मी से पीड़ित हो ही जाते हैं। गर्मी का शमन शीतल जल करता है। यदि आपके पास लक्ष्मी जी की कृपा से पर्याप्त धन-वैभव, भरपूर मान-सम्मान और भरा-पूरा परिवार है, तब भी इनका मद न करें और इन्हें माताजी की कृपा का प्रसाद मानकर विनम्र बने रहें। विनम्रता, संतोष, शालीनता और परोपकार की भावना के शीतल जल से अपने मन-मस्तिष्क का अभिषेक करते रहें, जिससे व्यर्थ के गर्व की भावना आपके मन में न आए। वास्तव में लक्ष्मी जी के एक सच्चे भक्त के लिए उनके रूप-स्वरूप के वर्णनों के अध्ययन-मनन और चित्रों के अवलोकन का मुख्य महत्त्व ही इनमें प्रदर्शित प्रतीकों के भावों और अभिप्रायों को समझना तथा उन्हें जीवन में उतारने की चेष्टा करते रहना है। वैसे इतनी कृपालु हैं मातेश्वरी लक्ष्मी जी कि जब आप एक बार इनकी आराधना-उपासना प्रारंभ कर देते हैं, तब मातेश्वरी स्वयं आपको सभी प्रकार का ज्ञान एवं सौभाग्य प्रदान करती हैं और वह भी लगातार बिना मांगे।

लक्ष्मी जी को प्रसन्न करने के अचूक उपाय

मां लक्ष्मी को धन लक्ष्मी या समृद्धि की देवी भी कहा जाता है। इनको प्रसन्न करके व्यक्ति अपने जीवन से निराशा, अंधकार व दरिद्रता को सदा के लिए दूर कर सकता है। यहां कुछ ऐसे सरल उपाय बताए जा रहे हैं, जिन्हें अपनाकर मनुष्य आसानी से मां लक्ष्मी को प्रसन्न कर अपने जीवन में खुशहाली ला सकता है।

- लक्ष्मी के आगमन अर्थात् धन प्राप्ति के लिए ऋग्वेदोक्त श्रीसूक्त का पाठ घी आहुतियां देकर करना चाहिए। जप हेतु कमलगट्टे की माला का प्रयोग करें।
- शनिवार या चतुर्दशी को एक नारियल पर सिंदूर चढ़ाएं और कलावे से उसे लपेट कर हनुमानजी के मंदिर में चढ़ाएं। यह उपाय भी अत्यंत धनदायक है।
- पुष्य नक्षत्र युक्त रविवार को बहेड़े की जड़ और पत्ते लाकर उनका पूजन करें। पूजन के पश्चात उन्हें लाल कपड़े में बांधकर गल्ले (तिजोरी) में रखें। आय में वृद्धि होगी।
- दीपावली के दिन काली हल्दी पर सिंदूर लगाकर उसे गुग्गुल की धूप दें। चांदी का एक सिक्का लाल वस्त्र में लपेटकर तिजोरी में रखें अथवा घर के द्वार पर टांग दें। यह टोटका धन वृद्धि में सहायक होता है।
- श्री महालक्ष्मी की कृपा और प्रसन्नता के लिए दीपावली का व्रत करें। नमक न खाएं। ऊं ऐं ह्रीं श्रीं महालक्ष्म्यै नमः मंत्र का 108 माला जप करें। रात भर अखंड दीपक जलाएं और सुबह व्रत खोलें।
- शाम को सूर्यास्त के पश्चात घर में झाड़ू न लगाएं। रात में खाना खाने के बाद बर्तन जूठे न छोड़ें उन्हें उसी समय साफ करके रखें। ऐसा करने से लक्ष्मी घर में निवास करती हैं और दरिद्रता दूर होती है।
- लक्ष्मी पूजन करते समय 11 कौड़ियां गंगाजल से धोकर लक्ष्मी जी को चढ़ाएं और उन

पर हल्दी कुमकुम लगाएं। अगले दिन इन्हें लाल कपड़े में बांधकर तिजोरी में रख दें, इससे आय में वृद्धि होगी।

- हल्दी से रंगे हुए कपड़े के एक टुकड़े में एक मुट्ठी नागकेसर, एक मुट्ठी गेहूं, हल्दी की एक गांठ, तांबे का एक सिक्का, एक मुट्ठी साबुत नमक और तांबे की छोटी-सी चरण पादुकाएं बांधकर रसोई घर में टांग दें। यह एक चमत्कारी उपाय है। इससे मां लक्ष्मी जी के साथ मां अन्नपूर्णा की कृपा प्राप्त होती है तथा पारिवारिक कलह भी दूर होता है।
- जरूरतमंदों, गरीबों, ब्राह्मणों तथा संन्यासियों को भोजन वस्त्र और रुपए दान करें। अहंकार का त्याग करें। दान से धन की वृद्धि और शुद्धि होती है।
- **ॐ घृणिः सूर्याय नमः श्री सूर्य नारायणाय इति अर्घ्य समर्पयामि।** मंत्र से सूर्य को नित्य अर्घ्य दें। इससे सभी दोष दूर होंगे और धन-धान्य की प्राप्ति होगी।
- लक्ष्मी उपासकों के लिए पीले रंग का ऊन, रेशम अथवा मृगचर्म का आसन श्रेष्ठ रहता है।
- उपासना के लिए स्फटिक या लाल चंदन की माला का प्रयोग करना चाहिए।
- महालक्ष्मी के निम्न लघु मंत्रों का जाप करना चाहिए।

ॐ महालक्ष्म्यै नमः।
ॐ ह्रीं श्रीं महालक्ष्म्यै नमः।
ॐ श्रीं ह्रीं क्लीं महालक्ष्म्यै नमः।

☛ इन बातों का भी रखें ख्याल

- जो व्यक्ति दिन में उत्तर और रात्रि में दक्षिण की ओर मुंह करके मल-मूत्र का त्याग करता है, लक्ष्मी उस पर प्रसन्न रहती हैं।
- जिस परिवार में पति-पत्नी में एक-दूसरे के प्रति प्रेम और सम्मान बना रहता है, जिस घर में कलह नहीं होता, उसमें लक्ष्मी का वास होता है।
- जो घर स्वच्छ और वास्तु दोष रहित होता है, वहां लक्ष्मी स्थिर रहती हैं।
- जो लोग मेहनती, बुद्धिमान और साहसी (उद्यमी) होते हैं, लक्ष्मी उन पर सदैव प्रसन्न रहती हैं।
- जो गृहिणी बार-बार भोजन करने वाली, भोजन पकाते समय ही खाने वाली तथा अशुद्ध परोसने वाली होती है, लक्ष्मी उनसे दूर चली जाती हैं।
- आलसी, दिन में सोने वाले, प्रातः या संध्या काल में संभोग करने वाले लोगों से लक्ष्मी रूठ जाती हैं।

- जो व्यक्ति माता-पिता और गुरु का अनादर करता है, उनकी सेवा-सुश्रूषा नहीं करता। उससे भी लक्ष्मी अप्रसन्न रहती हैं।
- जो व्यक्ति मूर्ख, अनपढ़ व अकर्मण्य होकर अर्थ प्राप्ति के लिए पुरुषार्थ (प्रयत्न) नहीं करता, लक्ष्मी उससे नाराज रहती हैं।
- जो व्यक्ति दूसरे की स्त्री और धन को हड़प लेता है, चोरी अथवा घूसखोरी करता है, उसे लक्ष्मी दोष लग जाता है। इस दोष के कारण कुछ साल बाद या अगले जन्म में व्यक्ति दरिद्र हो जाता है।
- काली हल्दी की गांठ शुभ मुहूर्त में घर में लाकर कैश बॉक्स में रखना शुभ होता है।
- सफेद वस्तुओं का दान करें, इससे लक्ष्मी योग बनता है।
- घर के मुख्य द्वार पर गणेश की प्रतिमा इस प्रकार लगाएं कि उसका मुंह घर के अंदर की तरफ हो। उस पर प्रतिदिन दूर्वा अर्पित करें।

☛ महालक्ष्मी को प्राप्त करने के मंत्र व टोटके

व्यवसाय में अधिक लाभ प्राप्त करने के लिए-

मंत्र- ***'ॐ ह्रीं श्रीं क्रीं श्रीं क्रीं क्लीं श्रीं महालक्ष्मी मम गृहे धनं पूरय-पूरय चिंतायै दूरय-दूरय स्वाहा'***

इस मंत्र का नित्य प्रातः एक माला जाप करने से व्यापार में लाभ प्राप्त होता है।

सुखी गृहस्थ जीवन के लिए-

मंत्र- ***'देहि सौभाग्यमारोग्यं देहि में परम सुखम् रूपम देहि जय देहि यशो देहि द्विषो जहि'***

यह मंत्र दुर्गा सप्तशती मंत्र है, इस मंत्र का नित्य प्रति एक माला जाप करने से गृहस्थ जीवन की सारी कठिनाइयां स्वतः समाप्त हो जाती हैं।

धन आगमन के लिए-

मंत्र- ***'ॐ श्रीं श्रीं श्रियै नमः'***

दीपावली की रात्रि में इस मंत्र का जाप करने से धन का आगमन होता है।

आर्थिक उन्नति के लिए-

मंत्र- ***'श्री लक्ष्म्यै नमः'***

इस मंत्र का दीपावली या नित्य प्रति जाप करने से व्यक्ति की आर्थिक उन्नति सुदृढ़ होती है।

धन व सम्मान की प्राप्ति के लिए-

मंत्र- ***'ॐ श्रीं ह्रीं क्लीं त्रिभुवन महालक्ष्म्यै आस्माकं दारिद्रण***

नाशाय प्रचुर धन देहि-देहि क्लीं ह्रीं श्रीं ॐ

इस मंत्र का नित्य एक माला जाप करने के पश्चात धूप, दीपक और नैवेद्य अर्पण करना चाहिए। इससे व्यक्ति को धन और सम्मान की प्राप्ति होती है।

अपना ऋण उतारने के लिए-

मंत्र- *'ओम ऋण मुक्तेश्वर महादेवाय नमः'*

इस मंत्र का जाप शुक्ल पक्ष के प्रथम मंगलवार को प्रातः मसूर की लाल दाल शिवलिंग पर चढ़ाते हुए करना चाहिए, इससे व्यक्ति पर चढ़ा हुआ ऋण (कर्ज) उतर जाता है।

- दीपावली पर प्रातः गन्ने को प्रणाम करके उसको जड़ सहित घर में ले आएं और रात्रि में लक्ष्मी पूजन के साथ गन्ने का भी पूजन करें। इससे घर में धन का आगमन होता है।
- दीपावली के दिन लोगों को भोजन कराने से घर में सुख-शांति व समृद्धि आती है।
- दीपावली आने से पहले घर में व घर की छत पर से उपयोग में न आने वाला सारा सामान हटाकर स्थान को स्वच्छ कर दें, उससे लक्ष्मी का आगमन होता है।
- दीपावली में संध्या होने पर घर के मुख्य द्वार, छत के चारों कोने, चौराहे पर सरसों के तेल के दीपक जलाने चाहिए। इससे घर में धन व सुख-शांति आती है।
- मोती, मूंगा, स्फटिक आदि की माला को पूजन विधि सहित पहनने से व्यक्ति के पास सदा धन बना रहता है।
- पीपल के वृक्ष की जड़ में सरसों के तेल का दीपक जलाने से घर में धन का आगमन होता है।
- दुकान अथवा रोजगार स्थान पर स्फटिक की माला से नित्य प्रति ओम लक्ष्म्यै नमः का जाप करने से व्यक्ति की दिन दोगुनी रात चौगनी तरक्की होती है।
- मोर के पंख दुकान, ऑफिस आदि में रखने चाहिए। इससे शुभता का आगमन होता है।
- पूजन के बाद नित्य प्रातः एवं संध्या के समय प्रत्येक कमरे में शंख को बजाने से घर में लक्ष्मी का वास होता है।

कैसे रखें मां लक्ष्मी का विधि अनुसार व्रत?

भारत ऋषियों, मुनियों के अतिरिक्त उत्सवों, त्योहारों व व्रतों का देश भी माना जाता है। फिर सनातन धर्म तो व्रत या तपस्या के आधार पर सारी अभिलाषित कामनाओं की पूर्ति करता है। व्रतों की महिमा का वर्णन तो वेदों में भी आदर के साथ मिलता है। जब हम शास्त्रों, पुराणों में वर्णित व्रतों पर नजर डालते हैं तो अनेक व्रत मिलते हैं जिनसे विभिन्न प्रकार की कामनाओं को पूरा किया जा सकता है। फिर भारतीय समाज तो सागर है। इसमें धनी गरीब सभी प्रकार के लोग हैं। धनी होना, वैभव विलास पाना कौन नहीं चाहता? उसके लिए भी वेदों में अनेक मंत्रों व व्रतों का वर्णन है जिनकी पूजा विधियां भी अलग-अलग हैं। आर्थिक समृद्धि पाने के लिए व लक्ष्मी को प्राप्त करने के लिए एक ऐसा ही महत्त्वपूर्ण व्रत शास्त्रों में है जिसे 'महालक्ष्मी व्रत' के नाम से जाना जाता है।

☛ शास्त्रों, पुराणों में भी व्रत का महत्त्व

'मनोभिलाषित व्रतानुवर्णनम्' ग्रंथ में दिए गए विवरण के अनुसार महालक्ष्मी व्रत कभी निष्फल नहीं जाता। स्कन्द जी ने एक बार पिता श्री शंकर जी से कहा- 'हे पिता श्री शंकर जी एक ऐसा व्रत बताइए जिसके करने से सभी कामनाओं की पूर्ति हो सके।' तब शंकर जी ने कहा- 'बहुत ही उत्तम बात है, आपने पूछा है इसलिए व्रतों में मैं उत्तम व्रत सुना रहा हूं, जिसके करने से कोई मनुष्य कभी दुर्गति को नहीं प्राप्त हो सकता, दुभर्गा स्त्री भी सुभगा हो जाती है, विधवा कभी नहीं होती। जिससे नर और नारी सभी दुखों से छूट जाते हैं वह महालक्ष्मी का व्रत है।' यहा व्रत भाद्रपद शुक्लाष्टमी से आरंभ हो कर सोलह दिन तक चलता है। 'चन्द्रप्रकाश' में कहा गया है कि उत्तरा तिथि अर्धरात्रि का अतिक्रमण करके मनुष्यों को चाहिए कि महालक्ष्मी व्रत करें।

विधि व विधान- व्रत के पूर्व दिन सायंकाल नित्यकर्मादि करके व्रत ग्रहण करें। व्रत के दिन स्नानादि नित्यकर्म को संपन्न कर संकल्प करें। अन्त में 'मम से करिष्ये' तक जोड़ दें। उसके

बाद सोलह तन्तुओं से सोलह ग्रंथियुक्त एक सूत्र निर्माण करें। विमल आसन पर महालक्ष्मी के आगे स्थापित कर दें। हाथ में अक्षत लेकर आह्वान करें। 'महालक्ष्मी से लेकर लक्ष्मी इहागच्छ' तक कहकर अक्षत छोड़ दें।

उसके बाद सोलह दुर्वा, सोलह मालती पुष्प, कर्पूर, चंदन इत्यादि से श्रीसूक्त से 'ॐ महालक्ष्मै नमः' इस नाममन्त्र से पूजन कर प्रार्थना करें। धन-धान्य से लेकर तथा वर्ष पर्यन्त श्लोक पढ़कर दोरक (डोरे) को हाथ में बांधें। पुरुष दक्षिण में तथा स्त्री वाम भुजा में कण्ठ में धारण करें व कथा सुनें या श्री महालक्ष्म्यै नमः का जप करके भोजन ग्रहण करें। इस प्रकार से कृष्णाष्टमी पर्यन्त प्रतिदिन उसी सूत्र को 'ॐ लक्ष्मी देवि ग्रहण त्वं' इस मन्त्र से पूजित करके धारण करें। कृष्णाष्टमी को प्रातः रंगवल्ली से युक्त एक मण्डप में अष्टदल कमल पर इन्द्रादि को शक्तियों सहित स्थापित करके श्री महालक्ष्मी जी की प्रतिमा, मिट्टी, लकड़ी इत्यादि से निर्मित चार भुजा वाली को स्थापित करें। उसके आगे पूर्वोक्त विधिनुसार नवीन सूत्र स्थापित करके पूजा करें। पुष्प चढ़ाकर अंगपूजा करें।

☛ ये भी रहे ध्यान

पुष्प में गन्ध लगाकर 'पूजयामि पर' संबंधित अंगों पर छोड़ें। इस प्रकार आवरण पूजा करके पूर्ववत षोडशोपचार से पूजन कर उस नूतन सूत्र को पहले के समान धारण करें, इसके बाद सोलह बार नमस्कार करके पुराने दोरक (डोरे) को पूर्वोक्त मंत्र से लक्ष्मी के बगल में समर्पित करने के बाद ब्राह्मणों को पूजित करें वंशपात्र सूप में 16 दीपों, गूहें की बालियों, 16 लड्डूओं को रखकर दें। उसके बाद मंत्र 'चतुर्द्धादश से प्रीतये श्रिय' तक पढ़ें उसके बाद यदि चन्द्रोदय हो गया हो तो चन्द्रमा को पूजित करके अर्घ्य दें। मन्त्र 'नमस्तेऽस्तु से लेकर विधोमम' तक पढ़कर अर्घ्य दें। उसके बाद भोज न करके रात्रि में जागरण करके प्रातः 'पंकज से त्वत्प्रसादतः' तक पढ़कर लक्ष्मी का विसर्जन करें। सूत्र को एक वर्ष तक धारण करें। इस प्रकार से सोलह वर्ष या सोलह माह तक व्रताचरण करें। अंत में सोलहवें दिन इसका उद्यापन करें।

उद्यापन विधि- संकल्प करें, उसके बाद गणेश पूजन से आरंभ करके आचार्य वरण तक कर्म करें। सर्वतोभद्र के ऊपर ताम्र कलश स्थापित करें। उसके बाद व उसके ऊपर स्वर्ण की या चांदी की महालक्ष्मी की प्रतिमा 'श्रीश्चते' मन्त्र से स्थापित करें। श्रीसूक्त से षोडशोपचार पूजन करके पूष्प पूजा के बाद नाम पूजन करें। नाम पूजन में नमः पर पुष्प छोड़ते जाएं। इस प्रकार से नाम की पूजा करके चंद्रमा को अर्घ्य दें। मन्त्र 'नमस्तेऽस्तु से विद्यो मम' तक है। हाथ में लाल फूल लेकर देवी की प्रार्थना क्षीरोदार्णव से लेकर अलक्ष्मीं त्वाशुनाशय' तक करें। इस प्रकार प्रार्थना करके रात्रि में जागरण करें।

प्रातःकाल स्नान करके पूर्ववत महालक्ष्मी को पूजित करके अग्नि को स्थापित कर प्रधान देवता को घृत, पायस, बिल्वफल इत्यादि से श्रीमहालक्ष्मी मंत्र से 108 बार हवन करके

श्रीसूक्त की प्रत्येक ऋचाओं से एक-एक कमल द्वारा होम करें। उसके बाद मंडल देवताओं को एक-एक आज्याहुति (घी का होम) देकर अवशिष्ट हवन को समाप्त कर आचार्य का पूजन करके सामग्री सहित लक्ष्मी जी की प्रतिमा और गौ को दें। उसके बाद षोडश जोड़ा वस्त्र इत्यादि से पूजा करके सूर्प में 16 जगह नाना प्रकार से भक्ष्य पदार्थ चन्दन, ताड़पत्र (ताड़ वाला पंखा) पुंगीफल (सुपारी) इत्यादि को रखकर दूसरे सूर्य से उसको आच्छादित कर क्षीरोदार्ण मन्त्र को विष्णु वल्लभा तक पढ़कर दें। उसके बाद सोलह ब्राह्मणों को संतुष्ट कर आशीर्वाद लेकर स्वयं भोजन करें। इस प्रकार इस व्रत के संपूर्ण होने पर नर-नारी सभी प्रकार से संपन्न होते हैं व सौभाग्यशाली होकर जीवन व्यतीत करते हैं। जिसका जो मनोरथ होता है, उसे वही मिल जाता है, यह निश्चित है।

कैसे मनाएं 'ईको फ्रेंडली' दीपावली?

दीपावली को धूम-धाम से मनाने के चक्कर में हम हर बार पर्यावरण और अपने स्वास्थ्य को बहुत हानि पहुंचाते हैं, लेकिन अब समय है ईको फ्रेंडली दीपावली मनाने का, जानें कैसे मनाएं ईको फ्रेंडली दीपावली।

दीपावली के इस त्योहार को धूम-धाम से मनाने व धन और धान्य की देवी लक्ष्मी जी को प्रसन्न करने के नाम पर हजारों रुपये फूंक दिए जाते हैं। जरा सोचिये क्या बेइंतिहा प्रदूषण फैलाने वाले पटाखों को जलाना, एक दिन की सजावट के लिये बेकार की चीजों को खरीदना, बाजार की मिलावटी मिठाईयों को खरीद कर खाना ही दीपावली सेलिब्रेट करना है? क्या इन सबके बिना दीपोत्सव व भाईचारे का यह त्योहार नहीं मनाया जा सकता है? बिल्कुल मनाया जा सकता है। बस इसके लिये जरूरत है कुछ समझदारी दिखाने की।

☛ मिट्टी के दीये जलाएं

दीपावली दीपों का त्योहार है पर आज दीपावली में दीपों का स्थान नाम के लिए रह गया है। रंगीन डिजाइनर लाइट्स इनकी जगह ले चुकी हैं। जो देखने में सुंदर तो लगती हैं पर कहीं न कहीं हमारे पर्यावरण को प्रभावित करती हैं। इस बार दीपावली पर घर-बाहर रोशनी करने के लिये पारंपरिक तरीके अपनाते हुए मिट्टी के दिये जलायें। ऐसा करने से कई फायदे होंगे एक तो बिजली बर्बाद नहीं होगी और दूसरा दीयों की रोशनी में आपका घर बेहद खूबसूरत भी लगेगा। जिससे आस-पास की नेगेटिव एनर्जी समाप्त होने के साथ-साथ वातावरण भी शुद्ध होगा। मिट्टी के दिये का आप दुबारा भी इस्तेमाल कर सकते हैं इसके अलावा इसकी खास बात यह है कि इसे बनाने के लिए अर्थ फ्रेंडली मटेरियल यानी की मिट्टी का इस्तेमाल किया जाता है।

बहुत ही कम तेल में जलने वाले यह दीये चार से पांच घंटों तक बिना बुझे आपके घर को रोशनी से जगमाए रखेंगे। मिट्टी के दीये जलाकर आप अपनी परंपरा को ही जिंदा नहीं

रखेंगे बल्कि लक्ष्मी को खुश करने के नाम पर बिजली को अति उपयोग ना करके आप इस दीपावली को ग्रीन दीपावली बनाने की तरफ अपने कदम भी बढ़ायेंगे।

☛ आर्गेनिक गिफ्ट्स दें

दीपावली मिठाइयों और उपहारों के बिना अधूरी है तो क्यों ना इस दीपावली हम आर्गेनिक गिफ्ट्स खरीद कर अपने दोस्तों और रिश्तेदारों को दें। आर्गेनिक गिफ्ट्स में उदाहरण के तौर पर आप एक्जोटिक आर्गेनिक सोप्स, क्रीम, विशेष चाय-कॉफी, मसाले, प्लांट्स या फूलों के बीज इत्यादि खरीद सकते हैं। यकीन मानिए आपके दोस्तों-रिश्तेदारों को ऐसे गिफ्ट्स की उम्मीद नहीं होगी लेकिन जब वे मिठाईयां व अन्य गिफ्ट्स की जगह आर्गेनिक गिफ्ट्स अपने लिये देखेंगे तो बहुत खुश होंगे। साथ ही आप ऐसे गिफ्ट्स देकर गो ग्रीन का संदेश भी प्रसारित कर सकेंगे।

☛ ईको फ्रेंडली पटाखे खरीदें और छुड़ायें

दीपावली का त्योहार हो और आतिशबाजी का प्रयोग न हो, ऐसा कैसे हो सकता है। पटाखें तो जैसे दीपावली की पहचान हैं। पर यही पटाखें हमारे पर्यावरण और स्वास्थ्य को हानि पहुंचाते हैं। इस बार सेहत और पर्यावरण को नुकसान पहुंचाने वाले पटाखे खरीदने की बजाय ईको फ्रेंडली पटाखे खरीदकर दीपावली का जश्न मनायें। बढ़ते प्रदूषण को देखते हुए आजकल बाजार में कई जगहों पर ईको-फ्रेंडली पटाखे बेचे जाने लगे हैं। इन ईको फ्रेंडली पटाखों की खासियत होती है कि यह रिसाईकिल्ड पेपर से बने होते हैं और फूटने पर आवाज उतनी होती है जितनी की पोल्यूशन बोर्ड ने आवाज की डेसीबल लीमिट तय की हुई हैं। इसके अलावा इन पटाखों के फटने पर बहुत सारे रंगीन कागज और रंगीन लाइट्स निकलती हैं। यह पटाखे हर लिहाज से सेहत और स्वास्थ्य के लिए सुरक्षित होते हैं।

☛ प्राकृतिक चीजों से बनाएं रंगोली

अपनी दीपावली को ईको फ्रेंडली बनाने के लिए इस बार रंगोली के लिए फूलों का इस्तेमाल करें। रंगोली बनाने का अर्थ है कि आप पक्षियों के साथ-साथ अपना जीवन और भोजन बांट रहे हैं, इसलिए रंगोली बनाने के लिए बाजार में मिलने वाले आर्टिफिशियल रंगों का इस्तेमाल करने की बजाये फूलों, चावल, आटे, हल्दी पॉउडर, कॉफी और कुमकुम पॉउडर आदि का इस्तेमाल करके मनचाही रंगोली बनायें। इसके अलावा गुलाब, गेंदे, चम्पा, चमेली आदि के फूलों के साथ-साथ केले के पत्ते आदि का इस्तेमाल भी रंगोली बनाने के लिए कर सकते हैं। इससे बनने वाली रंगोली दिखने में सुंदर लगने के साथ-साथ एनवायरमेंट फ्रेंडली भी होती है। त्योहार के बाद जब आप इसे उठाकर बाहर रखेंगे, तो इससे पर्यावरण को कोई हानि नहीं होगी वरन इससे चीटियों और चिड़ियों आदि का पेट भरेगा।

☛ ईको फ्रेंडली सजावट करें

दीपावली पर बाजार व मॉल में घर सजाने के सामानों पर लगी सेल को देखकर हम खुद को खरीददारी करने से रोक नहीं पाते हैं। उस समय हम यह भी नहीं सोचते हैं कि घर की साज-सज्जा के लिये जिस मटीरियल का सामान हम खरीद रहे हैं वो सामान रिसाईकल होगा भी या नहीं। इन सभी बातों पर हमारा ध्यान बिल्कुल नहीं होता है। यदि आपने इस दीपावली गो ग्रीन का किया वादा निभाना है तो सजावट की चीजें खरीदते हुए इस बात का ध्यान जरूर रखें कि कोई भी चीज ऐसी ना हो जो रिसाईकल ना हो सके। क्योंकि दीपावली खत्म हो जाने के बाद प्लास्टिक की कंदील व झालर इत्यादि फेंक दी जाती है और प्लास्टिक से बनी ये सभी चीजें रिसाईकल नहीं हो सकती हैं और पर्यावरण को नुकसान पहुंचा सकती है।

☛ करें पब्लिक ट्रांसपोर्ट का प्रयोग

- दीपावली के अवसर पर जहां तक हो सके अपने आस-पास से ही खरीददारी करें, इससे आपकी गाड़ी का पेट्रोल डीजल बचने के साथ-साथ आपके समय की बचत भी होगी। अक्सर त्योहारों के मौके पर ट्रैफिक जाम होता है, जिसकी वजह से बहुत सारा समय और प्राकृतिक ईंधन खर्च होता है और वातावरण प्रदूषित होता है।
- त्योहारों के मौके पर जहां तक हो सके पब्लिक ट्रांसपोर्ट का इस्तेमाल करें। सभी रिश्तेदारों के घर जाने की बजाय ऐसी व्यवस्था करें कि आपके सभी मित्र और संबंधी किसी एक जगह पर एकत्रित हो जायें जहां पर आप एक दूसरे के साथ मिलकर त्योहार सेलिब्रेट करने के साथ-साथ एक दूसरे से उपहारों का आदान-प्रदान भी कर सकें।

गिफ्ट पैकिंग में प्लास्टिक पोलीथीन, रंगीन पेपर का प्रयोग न करें

- पैकिंग के लिए बहुत सारे डिब्बे और पेपर्स का इस्तेमाल किया जाता है, जिसे बनाने में बहुत सारे पेड़ कटते हैं, जिससे पर्यावरण पर नकारात्मक प्रभाव पड़ता है, इससे बचने के लिए आप अपने रिश्तेदारों और मित्रों को गिफ्ट देने के लिए पुराने डिब्बों का इस्तेमाल करें और खरीद्दारी के लिए जाते समय अपने साथ में थैला लेकर जायें प्लास्टिक के बैग नहीं।
- अपने प्रियजनों को दिये जाने वाले उपहारों की पैकिंग करते समय रंग-बिरंगे ग्लॉसी प्लास्टिक का इस्तेमाल करने की बजाये उसे जूट बैग या कपड़े के थैले में रखकर दें। क्योंकि प्लास्टिक पेपर के निर्माण में प्लास्टिक के साथ-साथ मैटल का इस्तेमाल किया जाता है, जिसे रिसाइकिल करना मुश्किल होता है। इसका इस्तेमाल करके आप अपने वातावरण को ईको फ्रेंडली बना सकते हैं।

☛ ईको फ्रेन्डली गिफ्ट्स हैंडमेड आइटम

दीपावली के अवसर पर एक दूसरे को उपहार देने का चलन है। आपको अपने संबंधियों को

उपहार देना ही है, तो फिर हस्तनिर्मित उपहारों का चयन करें। आपको बाजार में ऐसे बहुत सारे उपहार मिल जायेंगे, जो हाथ से बने हुए हों मसलन जूट और कपड़े से बने खूबसूरत हैंड बैग और पर्स, कॉटन कुर्ते या हथकरघे की साड़ी या फिर हैंडमेड ज्वेलरी। उपहार का चयन आप जिसे उपहार दे रहे हैं उसकी पर्सनैलिटी के आधार पर कर सकते हैं।

☛ पौधे

त्योहार को ईको फ्रेंडली तरीके से मनाने के लिए अपने घर को डेकोरेट करते समय उसमें हरे रंग की चीजों का समावेश करें तथा अपने निकट संबंधियों को उपहार में ग्रीन प्लांट्स दें तथा उन्हें भी प्रेरित करें कि वो भी अपने क्लोज लोगों को उपहार में ग्रीन प्लांट्स दें।

☛ पटाखों के दुष्प्रभाव

- पटाखों से बहुत ज्यादा ध्वनि प्रदूषण फैलता है और इनसे डेसिबल स्तर ऊंचा हो जाता है। इसके परिणामस्वरूप बेचैनी, उत्तेजित व्यवहार, गुस्सा, व्याकुलता और किसी भी स्थिति में अत्यधिक प्रतिक्रियाशील होने जैसे लक्षण उभरते हैं। ज्यादातर पटाखों से 80 डेसिबल से अधिक स्तर की आवाज निकलती है जिस कारण बहरापन, उच्च रक्तचाप और अनिद्रा जैसी स्थिति आ जाती है। बच्चे, गर्भवती महिलाएं और सांस की समस्याओं से पीड़ित ज्यादातर लोगों की दिक्कतें अत्यधिक ध्वनि के कारण बढ़ जाती हैं।
- स्वास्थ्य पर खतरा बढ़ने के अलावा पटाखों से परोक्ष रूप से गंभीर दुष्परिणाम भी देखे गए हैं। पटाखे सावधानी से नहीं चलाने पर त्वचा झुलस सकती है और इस पर लंबे समय तक जले का निशान बना रहता है। गलत तरीके से आतिशबाजी करने के कारण बहुत लोग बुरी तरह जलकर जख्मी हो चुके हैं और कई लोगों की जानें भी जा चुकी हैं।
- पटाखों के जलने से त्वचा, बाल और आंखों की पुतलियों को भी गंभीर नुकसान पहुंचता है। पटाखों में मौजूद नुकसानदेह रसायन त्वचा में शुष्कता और एलर्जी पैदा करते हैं। वातावरण में नुकसानदेह रसायनों के फैलने से बालों के रोमकूप कमजोर पड़ जाते हैं जिसके परिणामस्वरूप बाल टूटने लगते हैं और बालों की प्राकृतिक संरचना भी बिगड़ती है। पटाखों के कारण आंखों में जरा सी चोट भी एलर्जी और नेत्रहीनता की स्थिति पैदा करती है।

लिहाजा हमें दीपावली की सच्ची भावना के साथ यह पर्व मनाना चाहिए और इस त्योहार को रोशनी और शांति का त्योहार ही बने रहने देना चाहिए। इस त्योहार का जश्न मित्रों और परिवार के बीच ही मनाना चाहिए। हमें प्रतिज्ञा लेनी चाहिए कि नुकसानदायक पटाखों को ना कहें और सुरक्षित एवं प्रदूषण मुक्त पर्यावरण बनाने को हां कहें।

●

कैसे बचें दीपावली पर पटाखों के हादसों से?

आतिशबाजी के दौरान हर वर्ष बड़ी तादाद में दुर्घटनाएं होती हैं, जिससे जन-धन की बहुत हानि होती है। अतः खतरनाक पटाखों से बचना चाहिए और आतिशबाजी को पूर्ण सुरक्षा उपायों के तहत सावधानीपूर्वक करना चाहिए।

दीपावली का नाम सुनते ही आंखों के आगे तैर जाती है- एक जगमगाती रात...। सच में, ज्योति पर्व बहुत ही उल्लास का पर्व है और इस दिन अमीर-गरीब सभी पटाखे, फुलझड़ियां आदि जलाकर अपनी खुशी का इज़हार करते हैं। लेकिन याद रखिये कहीं आप इस खुशी को अपनी लापरवाही से जानलेवा न बना लें। जी हां, पटाखे जलाते वक्त हर्गिज लापरवाही न बरतें।

हालांकि यह कहावत है तो बड़ी ही पुरानी कि 'प्रीवेनशन इज बेटर देन क्योर' लेकिन हम इसे शायद ही कभी गंभीरता से लेते हैं। महज थोड़ी सी सावधानी बरतने से दुर्घटनाओं से बचा जा सकता है।

☛ अपनी सुरक्षा का रखें ध्यान

दीपावली के धूम-धड़ाके में पटाखे छोड़ते वक्त लोग अकसर अपनी सुरक्षा को भूल जाते हैं। अक्सर बच्चे और कभी-कभी बड़े भी पटाखों को दीये या मोमबत्ती से इतनी पास से जलाते हैं कि पटाखा फटते ही उनकी नाक या आंख से टकरा जाते हैं।

कई लोग एक साथ ढेर सारे पटाखे जलाते हैं। इससे नुकसान यह है कि एक जलते पटाखे के साथ दूसरा जलने पर पहला पटाखा उसकी धमक से ज्यादा नुकसानदेह हो सकता है। इसलिए एक पटाखा समाप्त होने पर ही दूसरा जलाएं। ज्यादा बड़े पटाखे जलाते वक्त इस बात का विशेष ध्यान रखें कि आसपास कोई आदमी न हो। पटाखे जलाते वक्त ज्वलनशील

कपड़े (टेरीकॉट, टेरिलीन आदि) हर्गिज न पहनें। इस तरह के कपड़े बहुत जल्दी आग पकड़ लेते हैं। दूसरे, यह कपड़े शरीर की त्वचा से चिपक जाते हैं, जबकि सूती कपड़े जलने पर त्वचा से चिपकते नहीं।

☛ आतिशबाजी करें संभलकर

इन दिनों रॉकेट और हवाई जहाज आतिशबाजी का बेहद प्रचलन है। जब रॉकेट में आग लगाई जाती है, तो वह रॉकेट के भीतरी भाग में पहुंचती है, इससे गैस उत्पन्न होती है। गैस निकलने के लिए रॉकेट अथवा हवाई जहाज में बहुत छोटा-सा छेद होता है और गैस बड़ी तेजी से बाहर की ओर निकलती है, इसलिए दबाव के कारण वह ऊपर की ओर उठ जाता है। कई बार रॉकेट बनाते समय वह छेद जरा टेढ़े रह जाते हैं। इससे रॉकेट कोण बनाते हुए ऊपर न जाकर नीचे की ओर तेजी से आता है। इससे दुर्घटना की संभावना बनी रहती है। यह छेद टेढ़े होने की वजह से रॉकेट किसी भी दिशा में जाकर राह चलते राहगीर को भी लग सकता है। इसलिए दुर्घटनाओं की संभावना से बचने के लिए बेहतर यह होगा कि आप आतिशबाजी ऐसी जगह करें, जहां मैदान हो और अधिक भीड़ या आबादी न हो।

कुछ लोग जलते हुए सुदर्शन चक्र (स्पिन-व्हील) और चरखी को उछालते हैं। जलती हुई फुलझड़ियों को आकाश में उछालना भी दुर्घटना को खुला आमंत्रण देना ही है। मटके या पीपे में पटाखे बंद कर चलाना भी कई लोगों को अच्छा लगता है। कभी-कभी इसके बहुत ही भयावह और गंभीर परिणाम सामने आते हैं। गैस के दबाव से मटका या पीपा फूट जाए तो वह बम की तरह आसपास के लोगों को घायल कर सकता है। कई बार तो इस तरह के प्रयोग लोगों के लिए प्राणघातक भी साबित हुए हैं।

☛ बरतें सावधानी

बहरहाल, रोशनी के इस पर्व पर आतिशबाजी का लुत्फ़ इतना मनमोहक होता है कि छोटे तो क्या बड़े व्यक्ति भी उसके खतरे एवं जोखिम को नजरअंदाज कर देते हैं, किंतु इसका परिणाम होता है दुर्घटना।

इसलिए पटाखे खरीदने से लेकर जलाने तक तमाम सावधानियां बरतनी चाहिए।

- पटाखे हरदम बड़ों की अनुमति के पश्चात् उनकी उपस्थिति व मार्गदर्शन में ही जलाएं।
- पटाखे छोड़ते समय सदैव फुल शर्ट एवं पैंट जो बहुत ढीली-ढाली न हो, पहनें। गलत तरीके से जलाए गए पटाखे कितना नुकसान पहुंचा सकते हैं इस बात का ख़्याल तभी आता है जब दुर्घटना का परिणाम सामने आता है। इसलिए पटाखे सही तरीके से ही जलाएं।

- पटाखे कभी भी घर के अंदर व बालकनी में नहीं छोड़ें, बल्कि खुले मैदान में या घर की छत पर ही छोड़ें।
- मोमबत्तियां या दीपक इत्यादि परदे या किसी अन्य ज्वलनशील चीजों के समीप न जलाकर रखें।
- पटाखे अच्छी दुकान से ही खरीदें। नए किस्म के पटाखों को खरीदने से पहले उनके बारे में हर तरह की जानकारी हासिल कर लें।
- कुछ लोग गोला बम जलाना ही पसंद करते हैं। गोला बम तो और खतरनाक होता है। फिर कुछ लोग बम अपने हाथों पर रखकर जलाते हैं। इससे बम हाथ में ही फट सकता है, जिससे चेहरा व हाथ झुलस सकता है। गोला बम हो या कोई दूसरा पटाखा, उसके पलीते में छड़ी से आग लगाना ही उचित है। यदि पटाखे में आग लगाने के पश्चात् आवाज न हो, तो उसे तुरंत उलट-पुलटकर उसकी जांच भी ना करें। हो सकता है कि उलटने-पलटने से वह हाथों में फट जाए। कुछ लोग ज्यादा आवाज करने वाले पटाखों को टिन के डिब्बे, कांच की बोतल आदि में ढककर छोड़ते हैं, यह भी गलत है क्योंकि पटाखा फूटने पर टिन के डिब्बे या कांच की बोतल के कुछ टुकड़े छिटककर आस-पास के लोगों तथा स्वयं को घायल कर सकते हैं।
- नंगी आंखों से आतिशबाजी करना खतरे से खाली नहीं रहता। जहां तक संभव हो, चश्मा पहनकर ही आतिशबाजी करें।
- कोई भी पटाखा जलाएं, तो यह ध्यान रखें कि वहां कोई बिजली की तार वगैरह न हो।
- यदि हाथ-पैर जल गए हों, तो उन पर तब तक ठंडे पानी की धार डालते रहें, जब तक जलन पूर्णत: ठीक नहीं हो जाती। जलने पर ठंडा पानी लगाना सबसे अच्छा एवं प्राकृतिक उपचार है। किसी भी तरह की कोई चिकनाई, मक्खन, घी आदि घाव पर न लगाएं। यदि कोई गंभीर रूप से जल गया हो, तो उसे तुरंत अस्पताल ले जाएं अथवा डॉक्टर को बुलाएं।
- आजकल तेज आवाज के पटाखों को ही महत्त्व दिया जा रहा है। अक्सर पटाखे की तेज आवाज से कान के पर्दे क्षतिग्रस्त हो जाते हैं। अत: बेहतर है कि तेज शोर वाले पटाखे न जलाएं।
- पटाखे छोड़ते समय इस बात का विशेष ख्याल रखना चाहिए कि नवजात शिशुओं, बूढ़ों, बीमारों, हृदय रोगियों और गर्भवती स्त्रियों को ज्यादा कष्ट न पहुंचे।
- पटाखे अपनी जेब में कभी न रखें।
- घर के अंदर कभी भी पटाखे न जलाएं।
- कभी भी पटाखे जलाने के लिए कांच या मेटल का सामान उपयोग न करें।
- सावधानी के तौर पर पटाखे जलाने वाले स्थान पर बालू से भरी बाल्टियां रखें।

- पानी से भरी बाल्टी या घड़े में जले हुए पटाखे डाल दें।
- पटाखे जलाते वक्त उससे खुद को थोड़ा दूर रखें।
- कई बार जल चुके पटाखे बहुत देर तक गर्म रहते हैं जो हमें जला सकते हैं। बच्चों को इनसे दूर रखें।

इन सबके बावजूद यदि कोई दुर्घटना घट जाती है तो प्राथमिक उपचार के लिए निम्न बातों का ख्याल रखना चाहिए :-

- जलने के तुरंत बाद वहां से कपड़े हटा देने चाहिए लेकिन जो कपड़े त्वचा के साथ चिपक जाए उसे हटाने की कोशिश न करें।
- पानी जो अधिक ठंडा न हो उससे जले हुए हिस्से को साफ करें। कभी भी बर्फ का उपयोग न करें, जख्म ठीक होने में वक्त लगता है।
- जख्म पर पॉउडर, ग्रीस जैसी चीजें न लगाएं, इससे संक्रमण का खतरा रहता है।
- अगर त्वचा कम जली हो तो उस पर पट्टी बांधें।
- पीड़ित व्यक्ति को दर्द निवारक दवा देकर अस्पताल ले जाएं।

☛ घरेलू उपचार अपनाएं

- काली मसूर की दाल को तवे पर जलाकर कोयला कर लें तथा बारीक पीसकर शीशी में भरकर रख लें। आवश्यकता पड़ने पर इसे गोले के तेल में मिलाकर जले हुए स्थान पर लगाएं। इससे न तो छाले पड़ेंगे और न ही जले का निशान रहेगा।
- जले हुए स्थान पर गाय का गोबर लगा दें, फौरन आराम आ जाता है तथा निशान भी नहीं रहता।
- कच्चा आलू पीसकर लगाने से लाभ होगा।
- शरीर के किसी भी जले अंग पर सिरस के पत्ते मलने से लाभ होता है।
- अमलतास के पत्तों को पानी में पीसकर लगाने से जले हुए अंग को आराम मिलता है।
- आग या गर्म पानी से जले हुए अंग पर तिल को पीसकर लेप करने से लाभ होता है।
- बड़ की कोपलों को गाय के दूध से बने दही में पीसकर आग से जले हुए स्थान पर लगाने से राहत पहुंचती है।
- जले अंग पर सरसों का तेल लगाएं।
- 100 ग्राम पानी में 10 ग्राम शहद मिलाकर घूंट-घूंटकर पी लें। दो घंटे बाद पचास ग्राम पानी में पांच ग्राम शहद मिलाकर पी लें। इस प्रकार दिन-भर में लगभग 25 ग्राम शहद पी डालें। एक सप्ताह में ही आंतों के घाव समाप्त हो जाएंगे।
- जल जाने पर नारियल का तेल लगा दें।
- बरगद के पत्ते को दही में पीसकर जले स्थान पर लेप करें, जलन में शांति का अनुभव होगा और घाव भरने की प्रक्रिया शुरू हो जाएगी।

- गूलर के पत्तों को पीसकर लगा दें। जलन जाती रहेगी, फोले व निशान भी नहीं पड़ेंगे।
- आग से जलने पर मेथी के दानों को पानी में पीसकर लेप करने से जलन दूर होती है, फोले नहीं पड़ते।
- जले हुए अंग पर तुरन्त ग्वार पाठे के गूदे का लेप कर देने से जलन शान्त होती है और फोले भी नहीं पड़ते हैं।

आपके नन्हे-मुन्ने और पटाखे

दीपावली के मौके पर सबसे ज्यादा देखभाल की जरूरत होती है छोटे बच्चों को। आपकी जरा सी लापरवाही आपके बच्चे के लिए जिंदगी भर की परेशानी का सबब बन सकती है। इसलिए दीपावली मनाएं, पर थोड़ा संभलकर।

शिशुओं और छोटे बच्चों के लिए दीपावली असाधारण संवेदी अनुभव होती है। रोशनी, आतिशबाजी, रंग, आवाज और रोमांच इसे जश्न मनाने लायक अवसर बनाता है। लेकिन सुरक्षा के प्रति सतर्क रहना भी बेहद जरूरी है। यहां दी जा रही है कुछ सलाह, जिन पर अमल कर आप इस दीपावली को अपने शिशु और पूरे परिवार के लिए सुरक्षित बना सकते हैं।

☛ शिशु के कानों की करें सुरक्षा

दीपावली के अवसर पर सुरक्षा बेहद जरूरी है। इसलिए पटाखे चलाने के लिए एक सुरक्षित स्थान तलाशें और पटाखों के ज्यादा नजदीक न जाएं। (ईएनटी) डॉ. अतुल आहूजा के अनुसार 80 डेसिबल से ज्यादा का शोर शिशुओं और छोटे बच्चों की श्रव्य क्षमता के विकास पर असर डाल सकता है। पटाखों से 140 डेसिबल का शोर निकलता है, जो बच्चों को स्थायी रूप से बहरा कर सकता है। शोर के हानिकारक उच्च स्तर को कम करने के लिए छह हफ्ते की आयु वाले बच्चों के लिए भी ईयरमफ का इस्तेमाल किया जा सकता है। दुर्भाग्य की बात है कि नवजात शिशुओं के कानों की सुरक्षा के लिए ऐसा कुछ डिजाइन नहीं किया गया है। शिशुओं और छोटे बच्चों के कानों में ईयरप्लग लगाने से परहेज करना चाहिए क्योंकि इससे उनके कान की नाजुक नली को नुकसान पहुंच सकता है। अगर गलती से ये ईयरप्लग बच्चे के मुंह में चले गए, तो काफी जानलेवा साबित हो सकते हैं।

☛ बच्चों को रखें गर्म

अपने बच्चे को कपड़ों की कई परत पहनाएं और सुनिश्चित करें कि उसके हाथ, पैर और सिर अच्छे से ढके हुए हों। आगे की ओर लटकाने वाला स्लिंग कैरियर या बैक पैक आपके शिशु को आपके शरीर के करीब रखता है, जिससे उसे गर्माहट और सुरक्षा मिलती है। बच्चे

को कैरियर में रखने से आप चलने-फिरने में सक्षम बच्चे पर नजर रख सकते हैं, जो अक्सर बड़ों की नजर हटते ही इधर-उधर भागने की फिराक में रहते हैं।

☛ हानिकारक रसायनों से रहें सावधान

पटाखे जलते देखना काफी मनोरंजक होता है लेकिन यह सुरक्षा के लिए गंभीर जोखिम हो सकता है। व्यस्कों के मुकाबले बच्चों के जख्मी होने की आशंका ज्यादा रहती है इसलिए उनकी निगरानी और सुरक्षा बेहद अहम है। नेत्र विशेषज्ञ डॉ. त्याग मूर्ति शर्मा के अनुसार आग से अन्गारे बड़ी तेजी से निकलते हैं और शिशु या बच्चों की पलकों के पास प्रतिक्रिया देने का समय नहीं होता है। ऐसी स्थिति में अगर चिकित्सकीय सहायता तुरंत मुहैया करा भी दी जाए, तो भी आंखों को स्थायी नुकसान हो सकता है। बच्चों को जख्मी होने से बचाने और उनके स्वास्थ्य की सुरक्षा करने का एक ही रास्ता है कि उन्हें जोखिम के स्रोत से सुरक्षित दूरी पर रखा जाए।

☛ घबराहट और डर से निपटना

ज्यादातर बच्चे पटाखों को देखकर मंत्रमुग्ध हो जाते हैं लेकिन अगर आपका शिशु या बच्चा उनसे डर या घबरा रहा है, तो उसे भरपूर विश्वास दिलाएं। अगर वह फिर भी शांत नहीं हो रहा है, तो उसे लेकर वहां से जल्दी हट जाएं। एक विकल्प हो सकता है कि आप उसे दूर कार में बैठकर पटाखों की रोशनी दिखाएं। अगर सब ठीक रहता है, तो आप अपने बच्चे के साथ कार से बाहर आकर भी आतिशबाजी का लुत्फ उठा सकते हैं।

☛ उठाएं लुत्फ

अगर आपका शिशु या बच्चा सर्दी से बचा हुआ है, ईयरमफपहने हुए है और आग व पटाखों से सुरक्षित दूरी पर है, तो आप ज्यादा अच्छे से त्योहार का आनंद ले सकेंगे क्योंकि तब यह सभी के लिए सुरक्षित, मनोरंजक और यादगार बन जाएगा। शिशुओं और बच्चों के लिए सबसे अच्छा विकल्प है छत की खिड़की से आतिशबाजी देखना।

☛ बच्चों के डर को ऐसे करें दूर

- कई बार बच्चे उन चीजों से डर जाते हैं, जिनका कोई अस्तित्व नहीं होता या वे डरावनी नहीं होती हैं। बच्चों को यह समझाना बेहद जरूरी है कि डर के पीछे कोई तार्किक वजह होनी चाहिए और यह कल्पित नहीं होना चाहिए।
- अपने बच्चे पर इससे निपटने के लिए दबाव नहीं डालें। जिस स्थिति या वस्तु से वह डर रहा है, उसके अनुरूप खुद को ढालने के लिए उसे पर्याप्त समय दें। धैर्य रखें और इसे लेकर ज्यादा उत्तेजित नहीं हों। आप ही वह अतिरिक्त उत्साह हैं, जो उसे यह एहसास कराने में मदद करेगा कि डर असाधारण चीज है।

इसलिए अपने बच्चे के सामने गलत उदाहरण नहीं पेश करें। क्या आप या घर में अन्य कोई व्यस्क बच्चों के सामने किसी चीज को देखकर डर की प्रतिक्रिया देता है? अगर हां, तो इस आदत को तुरंत ही सुधार लीजिए।

- बच्चे की प्रतिक्रिया पर हंसने से परहेज नहीं करें। बच्चों को लेकर ज्यादा गंभीर और उत्तेजित होने वाले लोग उनके डर को सही तरीके से हैंडल नहीं कर पाते हैं। लेकिन उसे कम करके देखना या बच्चों का मजाक उड़ाना भी खराब बात है। क्योंकि व्यस्कों को डर का अनुभव होता है लेकिन बच्चों को यह असली जोखिम महसूस होता है इसलिए इसका मजाक बनाने की बजाय इसे तुरंत दूर करने की कोशिश की जानी चाहिए।
- बच्चों के आत्मविश्वास को मजबूत करें। जब बच्चा डर महसूस करे, तो उसकी बेइज्जती नहीं करें या मजाक नहीं उड़ायें। उसे आराम और शांति से समझाएं। मसलन थोड़े समय के लिए घर में अकेला रहने से उसे डरना नहीं चाहिए।

कैसे रखें त्योहारों में खुद को फिट?

त्योहारों की इस खुमारी में आप सबसे ज्यादा जिस चीज को नजर अंदाज करते हैं वह है आपकी अपनी सेहत। आइए जानते हैं त्योहारों में भी अपनी सेहत को कैसे बरकरार रखा जाए?

हमारे देश में त्योहारों का मौसम यानी मौज-मस्ती, शॉपिंग करने के साथ-साथ ढेर सारे स्वादिष्ट व्यंजन और मिठाइयों का लुत्फ उठाने का मौसम। त्योहारों के दिनों में घर पर बनने वाले तले हुए व्यंजन हम स्वाद-स्वाद में खा तो लेते हैं पर त्योहारों की तैयारी में अक्सर हम व्यायाम या वॉक करना भूल जाते हैं जिसके परिणामस्वरूप हम बीमार पड़ जाते हैं या फिर हमारा वजन बढ़ जाता है। आपके सामने ऐसी किसी प्रकार की परेशानी न आए आप त्योहारों के दिनों में भी मनपसंद व्यंजन के बावजूद फिट कैसे रह सकते हैं।

1. समय पर खाएं- त्योहार के दिनों में इतना काम रहता है कि हमें सही समय पर खाना खाने का समय भी नहीं मिल पाता है। और समय पर खाना नहीं खाने की यह आदत हमारी सेहत को नुकसान पहुंचाती है। इसलिए आप चाहे कितने भी व्यस्त हों लेकिन समय निकालकर समयानुसार खाना जरूर खाएं।

2. ज्यादा तला-भुना खाने से बचें- इन दिनों घर पर अक्सर तले-भुने व्यंजन बनाए जाते हैं। जिन्हें हम स्वाद के चक्कर में अधिक मात्रा में खा लेते हैं। जो आगे जाकर परेशानी का सबब बन जाता है। त्योहार के अवसर पर बनने वाले व्यंजनों का स्वाद अवश्य लें लेकिन सेहत को ध्यान में रखते हुए ज्यादा तला-भुना न खाएं।

3. लो-कैलोरी रेसिपीज मेन्यू में शामिल करें- जरूरी नहीं है कि हर त्योहार पर तले हुए व्यंजन ही बनाएं। अपनी और अपने परिवार की सेहत को ध्यान में रखते हुए लो-कैलोरी रेसिपीज भी आप अपने मेन्यू में शामिल कर सकते हैं जैसे तली चाट की बजाय फ्रूट चाट बनाएं, अंकुरित दालों के कबाब और अन्य व्यंजन बनाए जा सकते हैं। जो खाने में स्वादिष्ट होने के साथ-साथ सेहत के लिए भी काफी फायदेमंद होते हैं।

4. नाश्ता अवश्य करें- काम की भाग-दौड़ में नाश्ता करना बिल्कुल न भूलें। अगर आप सुबह के समय पौष्टिक नाश्ता करेंगे तो इससे आपको काम करने के लिए भरपूर एनर्जी भी मिलेगी और पेट भरा होने के चलते लंच से पहले कुछ अटर-पटर खाने का मन भी नहीं करेगा।

5. मांसाहारी हैं तो सी फूड खाएं- यदि आप मांसाहारी हैं तो जरूरी नहीं कि चिकन, मटन से बने व्यंजन ही खाएं। इनकी बजाय आप सी फूड और मछली से बने व्यंजन बना और खा सकते हैं। इन्हें तल कर बनाने की बजाय बेक्ड या स्टीम्ड करके बनाना बेहतर होगा। क्योंकि बेक्ड भोजन में कैलोरी बहुत कम मात्रा में होती है जिससे वजन बढ़ने की संभावना नहीं होती है।

6. शुगर-फ्री मिठाइयां खाएं- भारतीय त्योहार में मिठाइयों का बहुत महत्त्व होता है। कोई भी त्योहार हो, मिठाई के बिना वह अधूरा ही रहता है, जिसके चलते घर पर बनाकर या बाहर से खरीदकर लोग मिठाई खाते हैं त्योहार पर मिठाइयां अवश्य खाएं लेकिन आप घर पर ही शुगर-फ्री मिठाइयां बना सकते हैं या फिर बाजार से शुगर-फ्री मिठाइयां खरीदकर लाई जा सकती हैं। ऐसा करने से आप मिठाइयों का स्वाद भी ले सकेंगे और आपका वजन भी नियंत्रण में रहेगा।

7. जितना जरूरी है उतना ही परोसें- स्वादिष्ट व्यंजन को देखकर जरूरी नहीं कि आप सारे व्यंजन थाली में परोस लें। पहले सलाद बहुत सारी मात्रा में थाली में रखें और उसे पहले खाएं फिर जितनी भूख हो उसके हिसाब से थोड़ी-थोड़ी मात्रा में एक-दो व्यंजन थाली में परोसें। ऐसा करने से आपको थाली में परोसा गया बहुत सारा खाना नहीं खाना पड़ेगा और आप ओवरइटिंग से बच जाएंगे।

8. सिग्नल का करें इंतजार- हम जब भोजन करते हैं तो हमारे दिमाग को कुछ भी खाने के 15-20 मिनट बाद ही पेट भरने का सिग्नल मिलता है। इसलिए हमेशा कुछ भी खाने के बाद थोड़ी देर तक दिमाग को सिग्नल मिलने का इंतजार करें। यदि पेट भरने का सिग्नल मिल जाए तो तुरंत थाली को एक तरफ रख दें।

9. न कहना सीखें- यदि आप त्योहार के समय अपने किसी दोस्त या रिश्तेदार के यहां खाने पर गए हैं तो जरूरी नहीं कि आप उनके जबर्दस्ती करने पर पेट भरा होने पर भी खाएं। आप अपनी सेहत को ध्यान में रखते हुए शिष्टाचार पूर्ण तरीके से ज्यादा खाने से मना कर दें।

10. हल्का व्यायाम अवश्य करें- माना त्योहार के दिनों में काम के चलते व्यायाम करने का समय नहीं मिल पाता है। लेकिन प्रयास करें कि प्रतिदिन हल्का व्यायाम अवश्य कर लें। जरूरी नहीं है कि सुबह के समय ही व्यायाम करें आपको दिनभर में जब भी थोड़ा-सा समय मिले उसमें आप व्यायाम कर अपने शरीर को फिट रख सकते हैं।

☛ ध्यान रखने योग्य बातें

त्योहार के दिनों में खा-पीकर भी अपने आपको फिट रखने के लिए आपको पांच चीजें बिल्कुल भी नहीं करनी चाहिये।

1. ओवरइटिंग से बचें- चाहे खाना कितना भी स्वादिष्ट क्यों न हो उतना ही खाएं जितनी भूख हो। स्वाद-स्वाद के चक्कर में ओवरइटिंग बिल्कुल भी न करें।

2. बिना सोचे-समझे न खाएं- खाने के लिए थाली में कुछ भी परोसने से पहले देख लें कि जो भी डिश आप अपने थाली में परोस रहे हैं वह ज्यादा तला-भुना तो नहीं है। अगर खाना ज्यादा तेल वाला हो तो थोड़ी ही मात्रा लें। कोई डिश बिना सोचे-समझे न खाएं।

3. जल्दी-जल्दी न खाएं- आपको घर का बहुत-सा काम निपटाना है या फिर बाहर शॉपिंग पर जाना है अगर समय कम है तो इसका मतलब यह नहीं है कि आप खाने को भी एक काम की तरह सोचकर जल्दी-जल्दी उसे निपटा दें। कहने का अर्थ है कि चाहे कितनी भी जल्दी क्यों न हो खाना धीरे-धीरे चबा-चबा कर ही खाएं। ऐसा करने से आप खाने का स्वाद भी उठा सकेंगे, भूख से ज्यादा भी नहीं खा पाएंगे और खाना भी आसानी से पच जायेगा।

4. पानी पीना कम न करें- काम की व्यस्तता के चलते पानी कम न पिएं। अक्सर होता है कि काम में लोग इतने व्यस्त हो जाते हैं कि उन्हें पानी पीने की फुर्सत भी नहीं होती है। लेकिन चाहे कितनी भी व्यस्तता क्यों न हो हर आधे घंटे में पानी जरूर पीते रहें।

5. शराब का सेवन न करें- त्योहार के दिनों में होने वाली पार्टी में अक्सर लोग रात में शराब आदि का सेवन करते हैं और सुबह देर से सोकर उठते हैं। देर से उठने के कारण व्यायाम नहीं कर पाते हैं। इसलिए प्रयास करें कि शराब का सेवन बिल्कुल भी न करें क्योंकि यह शरीर में अनावश्यक कैलोरी बढ़ाता है। इन छोटी-छोटी बातों का ध्यान रखकर आप त्योहार के दिनों में अपने मनपसंद व्यंजन खाकर भी अपने शरीर को फिट रख सकते हैं।

॥ लेखक परिचय ॥

विलक्षण एवं विभिन्न प्रतिभाओं के धनी शशिकांत 'सदैव' अपने व्यक्तित्व एवं विभिन्न कार्यों के लिए पहचाने जाते हैं। किसी के लिए आप एक संपादक-पत्रकार हैं, तो किसी के लिए लेखक, कवि-शायर। कोई आपको आपकी प्रकाशित पुस्तकों के माध्यम से जानता है, तो कोई टी.वी. पर मेहमान विशेषज्ञ के रूप में पहचानता है। आप एक प्रेरक वक्ता होने के साथ-साथ ध्यान के कुशल प्रशिक्षक भी हैं। फिर वह वर्कशॉप के रूप में हो या प्रवचन के रूप में, आपके वक्तव्य स्कूल, कॉलेज, कॉर्पोरेट सेक्टर, मंदिर-आश्रम एवं धार्मिक तथा गैर सरकारी संस्थाओं आदि में होते ही रहते हैं। आप सत्रह वर्षों तक 'डायमंड पॉकेट बुक्स' द्वारा प्रकाशित मासिक पत्रिका 'साधना पथ' में संपादक व गृहलक्ष्मी में, सलाहकार संपादक के रूप में अपनी सेवाएं दे चुके हैं। इससे पूर्व, आप दो वर्षों तक अपनी सेवाएं 'Indiatimes.com' में भी दे चुके हैं। विश्व भर के नामी पत्र/पत्रिकाओं में आपके आलेख, स्तंभ, ग़ज़ल व कविताएं आदि प्रकाशित होते रहते हैं। इतना ही नहीं विभिन्न विषयों पर अब तक आपकी तीन दर्जन से भी अधिक पुस्तकें प्रकाशित हो चुकी हैं।

प्रकाशित पुस्तकें

व्यक्तित्व विकास एवं आत्म रूपांतरण

सब संभव है, अच्छा इंसान सफल विजेता कैसे बने ?, मैनेजमेंट के मूल मंत्र, व्यक्तित्व निखारें भविष्य सुधारें, मन चाही सफलता पाएं अपनी एकाग्र क्षमता बढ़ाएं, स्वयं को और दूसरों को पहचानने की कला, सीखें जीवन जीने की कला।

ओशो

कौन है ओशो ?, मैं क्यों आया था-ओशो ?, ओशो की जीवन यात्रा, ओशो के बाद का विवाद, ओशो का योगदान, ओशो पर लगे आरोप और उनकी सच्चाई, प्रसिद्ध हस्तियों और बुद्धिजीवियों की नज़र में ओशो।

धर्म-अध्यात्म

कौन है गुरु ?, गुरु का महत्त्व ?, ध्यान एक मात्र समाधान, इश्क की खुशबू है सूफ़ी, आधुनिक संतों की आध्यात्मिक यात्रा, व्रत-उपवास का आध्यात्मिक एवं मनोवैज्ञानिक महत्त्व, युगपुरुष महर्षि दयानंद सरस्वती, भारत के प्रसिद्द मंदिर, भारत के प्रसिद्द तीर्थ और धाम, पर्वों का महापर्व-दीपावली, संपादित पुस्तकें-धन और सुख-समृद्धि की देवी लक्ष्मी, दुर्गा एवं नवरात्र की महिमा एवं महत्त्व।

स्वास्थ्य एवं आरोग्यता

सिरदर्द और माइग्रेन से मुक्ति, ऐसे पाएं मोटापे से मुक्ति, करें योग रहें निरोग, तनाव मुक्ति के सरल उपाय, आहार से करें उपचार, आपका आहार स्वास्थ्य का आधार।

काव्य एवं ग़ज़ल संग्रह
तेरे साथ की आदत, स्त्री की कुछ अनकही, दर्द की कतरन, दर्द के इर्द-गिर्द, रिसता हुआ दर्द।
काव्य संकलन- इंद्रधनुष रचते हस्ताक्षर, दस्तक नई पीढ़ी की।

समाज व समसामयिक
कुल का कल हैं बेटियां, गाय, गंगा, गौरी है हमारी जिम्मेदारी, नयी स्त्री की पुरानी कहानी।

पत्र-पत्रिकाओं में प्रकाशित लेख व स्तंभ

नवभारत टाइम्स, हैलो दिल्ली, दैनिक हिन्दुस्तान, पंजाब केसरी, दैनिक जागरण, दैनिक भास्कर, अमर उजाला, जागरण सिटी प्लस, गगनांचल आज समाज, तथास्तु, वेल बीइंग, साधना पथ, गृहलक्ष्मी, ओशो वर्ल्ड, हिन्दी जगत, कादंबिनी, वूमेन ऑन टॉप, मेरी तुलसी, प्रवासी टुडे, ज्ञानोदय, शुक्रवार, इंडिया न्यूज, यथावत, मेरी तुलसी, संपादक, गृहनंदनी, फ्यूचर समाचार, सुख-समृद्धि, कुमुदम भक्ति, समय सारांश, गुरुजी, कलियों को खिलने दो तथा इंडिया टाइम्स एवं फैब वुमैन डॉट कॉम आदि कई अन्य क्षेत्रीय पत्र-पत्रिकाओं में प्रकाशन।

टी.वी. चैनलों एवं रेडियो पर उपस्थिति

दूरदर्शन, इंडिया न्यूज, सहारा समय, साधना, प्रज्ञा, सुदर्शन, ए टू जेड, वी.आई.पी. एवं जैन टी.वी. तथा एफ.एम. रेनबो एवं मानव रचना रेडियो।

सम्मान
गौरव भाषा वाणी सम्मान 2011 (इंद्रप्रस्थ साहित्य भारती-दिल्ली), साहित्यकार सम्मान 2010 (ब्रज कला केंद्र-मथुरा), साहित्यकार सम्मान 2009, (स्वामी नेकश्याम स्मृति-वृंदावन)।